U0689955

胡慧君 著

抗日战争时期的胡适

其战争观的变化及在美国的演讲活动

全国百佳图书出版单位

浙江大学出版社
ZHEJIANG UNIVERSITY PRESS

图书在版编目(CIP)数据

抗日战争时期的胡适 / 胡慧君著. —杭州:浙江
大学出版社,2013.7
ISBN 978-7-308-11662-6

Ⅰ.①抗… Ⅱ.①胡… Ⅲ.①胡适(1891～1962)—
人物研究 Ⅳ.①K825.4

中国版本图书馆 CIP 数据核字(2013)第 138338 号

抗日战争时期的胡适

胡慧君 著

责任编辑	葛玉丹(gydan@zju.edu.cn)
封面设计	项梦怡
出版发行	浙江大学出版社
	(杭州市天目山路 148 号 邮政编码 310007)
	(网址:http://www.zjupress.com)
排 版	浙江时代出版服务有限公司
印 刷	杭州丰源印刷有限公司
开 本	640mm×960mm 1/16
印 张	10.25
字 数	150 千
版 印 次	2013 年 7 月第 1 版 2013 年 7 月第 1 次印刷
书 号	ISBN 978-7-308-11662-6
定 价	30.00 元

胡慧君 著

抗日战争
时期的

胡适

其战争观的变化及在美国的演讲活动

全国百佳图书出版单位

浙江大学出版社
ZHEJIANG UNIVERSITY PRESS

图书在版编目(CIP)数据

抗日战争时期的胡适 / 胡慧君著. —杭州:浙江
大学出版社,2013.7
　ISBN 978-7-308-11662-6

　Ⅰ.①抗…　Ⅱ.①胡…　Ⅲ.①胡适(1891～1962)—
人物研究　Ⅳ.①K825.4

中国版本图书馆 CIP 数据核字(2013)第 138338 号

抗日战争时期的胡适

胡慧君　著

责任编辑	葛玉丹(gydan@zju.edu.cn)	
封面设计	项梦怡	
出版发行	浙江大学出版社	
	(杭州市天目山路 148 号　邮政编码 310007)	
	(网址:http://www.zjupress.com)	
排　　版	浙江时代出版服务有限公司	
印　　刷	杭州丰源印刷有限公司	
开　　本	640mm×960mm　1/16	
印　　张	10.25	
字　　数	150 千	
版 印 次	2013 年 7 月第 1 版　2013 年 7 月第 1 次印刷	
书　　号	ISBN 978-7-308-11662-6	
定　　价	30.00 元	

目　录

序 一

　　十多年前,我在日本关西地区工作。现在记不起因什么信息,慧君千里迢迢从北海道来看我,同来而先后到的是北海道开拓纪念馆的同行,则自然因为一是同乡相会,也更是同行的交流了。我们相处也就两三天时间吧,但似乎十分的默契和亲热,不然这友谊也不会持续到现在,当然还应有将来。

　　慧君当时在北海道留学,或许语言能力强,翻译水平高,所以当地的教学文化单位常请她当临时翻译。和北海道开拓纪念馆的关系,大概也是这一原因吧?慧君应该是聪慧的、勤奋的,这是我从朋友处的交谈中感觉到的。而我对她的印象最深的是好学,是对新事物充满好奇,并努力去了解熟悉。

　　虽说一衣带水,我们平日联系还是偏少,尤其是我国的邮政凡寄国外的都贵得出奇,我即便为公家邮寄,都尽量节省,个人的更是小气,所以书信往还并不多。但我知道她考上硕士研究生了,又考上博士研究生了,所以一直为她高兴。

　　记得江泽民去日本访问,当时我也在日本。有一天收到一张大照片,是江泽民在北海道接见在日工作者与留学生代表的合影,此中就有慧君。慧君或许还没想到寄照片和我分享一下那份快乐,而这照片居然是日本朋友寄来的,可见那朋友也为慧君有这份荣誉而高兴。如今对于领袖人物,我们国人似乎早已没有当年那种神圣的甚至狂热的感觉,但是,我们还是可依此推断慧君在学习上该是出类拔萃的。所以,我们同样为看到这一照片而欣喜。

后来，有了 E-mail。或许因我是电脑盲，用不好，汉字发不出，所以我俩写信都是用拼音文字，那毕竟也比写信邮寄简便多了。必要时，请人帮我用图片发。再后来，一切都好使了，才有如今的方便。我也知道她对五四时期的前辈学者感兴趣，我很激动，因为过去隔行如隔山，现在终于有了共同点了。而从学业上，我的前辈正是那批人。后来，她又告诉我，她开始搞胡适研究了。我说好啊，我对胡适同时的人有些了解，对胡适知之甚少，也可趁机多了解些。

不知什么时候，我知道她嫁人了。丈夫是个律师，是个经常免费为穷人、为中国劳工打官司的好律师，也就等于说是个不太富裕的律师，是个与在日本的中国王选一样有正义感的人士。慧君自己也免费为中国劳工做了近十年的翻译。或许是因为我和王选同姓，也更有同乡的感觉吧。她可能是带着对王选的一份感情，所以才问我和王选是否本家或是否熟悉。我潜意识里似乎为了让她在异国他乡多一丝暖意，也就尽量"套近乎"般地说，我和她是同一年大学毕业的，第一年暑假批中考卷好像在同一教室（我现在真想不起了，当年她并不有名，怎么会知道其名并记住），还有好像是我姐夫家的亲戚。

她的丈夫长相除了日本人的特征较明显，并无特别之处。她的儿子也因小而可爱，其他也没什么感觉。不过，这些是我从她寄的贺年卡中了解的。日本有个好风气，是我们没接触过的人不理解的。我曾学日本人寄过印有我照片的贺年卡，有朋友以为是我在炫耀我照片拍得得意，所以我在某篇报上文章中特意顺便解释一下。我曾听日本朋友说，日本的贺卡是全世界用得最多的。他们一直以来都时兴在贺卡里印上自家喜气洋洋的照片，告诉亲友他们过得很好，不像我们只给对方一声问候。但照片归照片，当我亲眼见到她儿子时，十分地喜欢。长得斯文、白净、漂亮，我不禁要赞美他妈妈。在那以相夫教子为妇女主要工作的国度里，我赞美他妈妈应该没错。记得在日本时，有位日本同事喜洋洋地说，他儿子考上东京大学了。有一中国同事马上附和说，那是你教的好儿子。可那朋友听了,好像并不怎么开心。我开玩笑般地提醒他,你是否认为他尽了他夫人应尽之责了?换个说法吧。我说,了不起,像你!他就开心了。

慧君在家庭中,也是个相夫教子的角色。但是,她却同时又兼着天下最忙(我认为)的学者身份。儿子降生,一家人都围着他转,这常是国人在教育孩子问题上持批评态度的一点。但是,她连被批评的福气也没有,外公外婆远在中国,爷爷奶奶我猜想在这家庭也不方便,所以照顾孩子的事主要由她担任。研究写作的时间,没得选的只能放在孩子睡觉之后。带孩子是极辛苦的,带过的人都深有体会。管孩子是整天无时无刻不紧张,孩子睡了,自己也累得快趴下了,不管躺到哪里都能呼呼入睡的。但这个哺乳期的妈妈这时还得摇身一变为学者,开始了爬格子的艰苦劳动。

我们还有一点没想明白的是,她所研究的资料,写作的素材又是从何而来的呢?在著作中,我们可以看到,那些研究资料是她从半个多世纪以前的老报刊中一点一滴挖掘的,有中国的,更有日本的、英美的。而她毕竟不是英语或日语专业出来的,对于阅读研究,都有一定的或相当的难度。虽然在日本很多年,要写作一本纯学术的日文著作,其难度也是可以想象的。当然,这里最值得称道的是查找资料所下的功夫。这是日本或欧美学者做学问的长处,虽然中国学者也同样注意搜集材料,但那种专注,那种细心,那种上天入地不懈探寻的钻劲,还是大多数中国学者无法比无法学的。这一点,明显是她受了日本老师的影响,更得到了日本同行教授们的指教。

前几年我曾为一个日本学生修改博士论文,因其语言障碍,我改那论文改得非常辛苦。也正因他注意深入搜集资料,在论述中资料充实,证据丰满,竟在和中国学生的"竞争"中获得优秀论文,我也算没白费心血。我特别指出这点,也是希望与中国学界同仁们共勉的。

胡适是五四时期非同小可的人物,在中国文化舞台上,一直都少不了他的身影。哪怕在当年的动乱时期,从反派角色的角度,他仍是一个重要的关注对象,亦即批判对象。我虽然是"文革"结束后上的大学,但那时胡适照样是高校里的批判对象。在我们的印象中,胡适好似文化界或学术界一个十恶不赦的坏人。

　　大学里有一个好处，虽然遭批判，但是他的书还是可借阅的。我借阅他的第一本书是《尝试集》，那是一本他刚刚尝试着用白话写现代诗的诗集。看了后印象还真不好，就像缠脚老太婆走路，歪歪扭扭的，实在难看。直到后来，也就是近些年吧，胡适早不算"坏蛋"而成"好蛋"了，但我还是不舒服，还是希望他仍是"坏蛋"。就在前几年出版的书中，我还在一章里以较大篇幅从逻辑学角度批评了他关于校勘学的论述。当然，我写作中并未认定了他仍是坏人，我是以我学术的角度去看待他的。那心底里是否还有过去的情结呢？大概没有，但也许是另一种影响或暗示。那是我心里有我敬仰的导师，人称真正的"国学大师"的姜亮夫先生，还有我同样敬仰的我导师的导师王国维先生与梁启超先生等。另外也有后来所得的印象，五四运动的激进者，同时也把传统文化给破坏了。就如台湾某学者说的，胡适他们一代人国学功底好，他们中许多人自己成了一代大师，而他们回过头来反对传统文化，结果后辈再也出不了大师了。

　　胡适有极好的旧学功底，所以凭此而早有大名。或许也因此而被推上历史舞台又下不来了，所以后来几乎成了文化学者或文化政客。在那一大摞著作中，真正属于学术研究成果的比例并不太大。在今天，这一点是很好理解的。但是，正如慧君说的，我"受到了严重的打击。因为在我所受到的教育中，胡适是'卖国贼'"。胡适究竟何许人也？今天的人们都会好奇，慧君也好奇，所以就有了此后的研究。

　　胡适为何是"卖国贼"呢？该著作没研究这点，而是研究作为国民使者和驻美大使的胡适，他究竟想了什么、干了什么，以及他的所思所做在当时具有怎样的现实意义与历史价值。

　　在我们过去的印象里，当时的国民政府对日本帝国主义侵略的抵抗是消极的，用老话说，是消极抗日，积极反共。关于积极反共这点，在今天看来仍是毋庸置疑的，但消极抗日呢，或者说不抵抗主义呢？看看本著所写的，在某一特定的历史阶段，这似乎也是事实。但那是什么样的一种背景呢？

就如第一次世界大战时对中国留美学生呼吁对日开战的反应一样，胡适给留学生们写的公开信说："在目前的条件下，对日作战，简直是发疯。我们拿什么去作战呢……我们至多只有十二万部队可以称为'训练有素'，但是装备则甚为窳劣。我们压根儿没有海军……我们在战争中将毫无所获，剩下的只是一连串的毁灭，毁灭和再毁灭。"胡适在 1935 年夏天给有关人士写信也同样坚持这一观点："我举一例为伪国（即伪满洲国）的承认，我提出的代价有三：一为热河归还，长城归我防守；二为华北停战协定完全取消；三为日本自动的放弃辛丑和约及附带换文中种种条件，如平、津、沽、榆一带的驻兵，及铁路线上我国驻兵的限制……我的第一方案是公开的交涉，目的在于谋得一个喘气的时间。"好一个"喘气的时间"，正是由于我们还无法回答"拿什么去作战"的重大问题。所以，慧君在论著中有以下的文字：

　　1937 年的卢沟桥事变之时，就算中国要抗日，但由于军备不充足，当然没有胜算的可能。正像胡适自己所说的一样："问题重心便是我们怎么能打？拿什么去抗日？我们陆军的训练和装备均甚窳劣；既无海军，实际上也没有空军；也没有足以支持战争的国防工业，我们拿什么去抗日呢？这是一件悲剧。"他在担忧着中国的军力。胡适到此时还因为跟日本作战不会取胜，作尽可能回避战争的努力。

　　胡适站在即使承认傀儡满洲国，即使作最大的让步，也应极力避开战争、选择和平之道这样的立场上，看起来好像有如《非攻》中、下篇一样的在叙述着利与不利，但实际上他在极力避免大规模"杀人"的战争，与《非攻》上篇精神相通，在根据义不义的观点来分析情势。而事实上，议和才是极力减少"杀人"的方策。

由上所述，无论胡适做法对否，但至少不会轻易认为他是不抵抗主义甚至是卖国。那胡适是在什么情况下由主和而转为主战的呢？作者认为，一是日益加剧的日本的侵略，与日本的议和已经不能实现了；二是看到了1937年"八一三"上海事变中中国军队的奋勇作战。这使他感到中国也能抗战,从此他的观点也随之变为对日作战了。现在看来,对这样的观点并不难理解。写此文期间,出门上出租车,爱国的司机聊起中国的军力,他竟说了句,小平不是说"搁置争议,共同开发",就是因为现在实力还斗不过人家。可见这样的道理谁都懂,但或为政治原因,或情况不明,不抵抗主义或卖国贼的帽子是很容易被扣上的。

作者对胡适主和、主战的思想变化过程的研究是极细致的,运用材料是准确而充实的,她以一点一滴的事实,构筑了胡适关于抗战思想一个完整的形象,读之真实可信。作者将胡适的演讲与日本报刊翻译转载的文字一一进行比对,指出了涉及侵略等字眼多被删略。一方面说明了日本政府向国人掩盖侵略的真相,一方面更揭露了其侵略的野心与本质。

我们常赞美鲁迅先生的文笔,赞美他什么呢? 有一点,就是生动可感。就如人们熟悉的《记念刘和珍君》,其中有一段是:

> 我没有亲见;听说她,刘和珍君,那时是欣然前往的。自然,请愿而已,稍有人心者,谁也不会料到有这样的罗网。但竟在执政府前中弹了,从背部入,斜穿心肺,已是致命的创伤,只是没有便死。同去的张静淑君想扶起她,中了四弹,其一是手枪,立仆;同去的杨德群君又想去扶起她,也被击,弹从左肩入,穿胸偏右出,也立仆。但她还能坐起来,一个兵在她头部及胸部猛击两棍,于是死掉了。

鲁迅为什么要不厌其烦地去细细交代刘和珍等如何倒下呢? 就是他虽然没有亲见,但是听目击者极细致的描述,就如身临其境一般,就不能不让人相信。看着学生鲜活的年轻的生命一个个倒下,你能不愤恨这残暴的段祺瑞执政府吗? 慧君对历史资料的运用,也正有类似的妙用。

不过,我以为慧君对胡适《墨子·非攻》研究与战争观的问题这一研究题材的开发更值得称道。墨子的"非攻"思想,是以"兼爱"为其理论基础的,是以维护本国百姓的根本利益为出发点的。"非攻"对大国与强国,尤其是对好战的君王是个批评，而对小国、弱国则是个保护。墨子既不赞成国与国之间的攻占掠夺，也不盲从"春秋无义战"的看法。他对战争性质有深刻的分析，故他支持正义之战而谴责不义之战，并由此而将战争分为"诛战"与"攻战"。攻战即是不义之战，诛战则是抵抗侵略的正义战争。

胡适是个驻美大使，但他首先是个学者，在美国人眼里，他更是个由美国人培养出来的学者，则多几分亲切感和信任感。那么，他的演讲不仅有事实的分析，还有传统文化作为学术依托，他的演讲也就更有魅力，更有说服力，也就更有号召力。他"行万里路，演百余讲"，对于美国（包括欧洲）政府与人民，认清日本侵略的本质，转而同情中国并支持中国的抗战，不能不说起了重要的作用。

慧君作为日本北海道大学的学者来访问我，对于一个老熟人来说是格外感到高兴的。她还带来了博士学位证书的彩色复印件《学位记》，虽是迟到的消息，还是多添了份喜气。如今中日两国正处于钓鱼岛争端的敏感时期，慧君写的又是在日本教授指导下有关抗日战争的书，其主要内容是胡适关于宣传抗战揭露日本侵略。此时此刻阅读此文，还是颇多感慨的。

王宏理

壬辰中秋前夕

于老杭州大学北寓所

序 二

从 1931 年"九一八"到 1937 年"八一三",是日军对华步步进逼的六年,也是中国人民抗日热情日日高涨的六年,也是胡适一直"主和"的六年。他不主张中国"主动"对日作战,而希望通过外交谈判解决中日之间的冲突,以赢得抗战"准备时间"。

胡适所以不主战,主要理由是中国"没有能力抵抗"。他分析热河沦陷时张学良部队不战而退、日军长驱直入的惨痛情形后说:"九一八"时不抵抗,"实在是没有能力抵抗"。[1] 1933 年 3 月 13 日胡适亲闻蒋介石"军事上不能抵抗,外交亦无办法"的表态后,就更加确信:中国政府对国难既无解决的能力,也无解决的办法。他的这一判断,一直持续到"八一三"上海抗战之前;所以平津失守后,他仍不主战,[2] 仍力谋和平。他的理由极为明确:在准备不足的情况下,"不能昧着良心出来主张作战"[3]。

既认定中国无力抵抗,胡适乃把积蓄力量、努力谋自身的现代化视作救亡图存的首要之务。他坚信:"只有一个现代化成功的中国方才可以解

---

〔1〕 胡适:《全国震惊以后》,《独立评论》第 41 号,1933 年 3 月 12 日。

〔2〕 胡适后来在口述自传时回忆当时情形说:"问题重心便是我们怎么能打? 拿什么去抗日? 我们陆军的训战和装备均甚窳劣;既无海军,实际上也没有空军;也没有足以支持战争的国防工业,我们拿什么去抗日呢? 这是一件悲剧……"(唐德刚译注:《胡适口述自传》,华东师范大学出版社,1993 年,第 71—72 页。)

〔3〕 胡适:《我的意见不过如此》,《独立评论》第 46 号,1933 年 4 月 16 日。

决远东问题"[1]，"必须先有个国家，然后可以讲抗日救国"[2]。把中国的现代化与中国抗战的前途紧密联系起来，这是胡适观察中日冲突的第一个鲜明特点。在胡适看来，实现现代化既是终极目标，更是目下解决民族危机的紧迫手段。他呼吁国人要努力工作，拼命工作，拼命谋自身的现代化，因为"一个民族的兴盛，一个国家的强力，都不是偶然的，都是长期努力的必然结果"[3]。他强调："救国的唯一大路是齐心协力的爱护我们的国家，把我们个人的聪明气力都发展出来好为她服务，为她尽忠。"[4]惯于自责和反省的胡适一直把"九一八"的耻辱归咎于中国人的不努力，认为这是中国人自己荒废了宝贵的实现现代化的时机所致。[5] 他一再批评国人缺乏自责态度，不知道反省自己；告诫国人"要养成虚怀愿学的雅量"[6]，要埋头苦干，要努力充实自己的实力，要多责己而少责人，多在内政上努力。在亡国危机日甚一日的情势下，在"打倒日本帝国主义"、"对日宣战、收复失地"的强烈呼声里，胡适的这种"缓不济急"的主张，虽与南京政府的"不抵抗主义"颇为接近，但并不为多数国人认同。

至于胡适主张与日本直接交涉，更不为国人所谅。首先需要指出，胡适对日本侵略的谴责和揭露历来都是严厉的，其和谈主张不是无原则的妥协退让，更不是"媚日"，更不能代表他不爱国。起初，他是希望通过谈判来收复失地，保全将失之地。他在1932年提出与日本交涉的目标是"取消满洲伪国，恢复领土及行政主权的完整"[7]。但随着日本退出国

---

〔1〕　胡适：《独立评论的一周年》，《独立评论》第51号，1933年5月21日。

〔2〕　胡适：《福建的大变局》，《独立评论》第79号，1933年12月3日。

〔3〕　胡适：《整整三年了》，《独立评论》第119号，1934年9月23日。

〔4〕　胡适：《沉默的忍受》，《独立评论》第155号，1935年6月16日。

〔5〕　胡适1931年9月19日《日记》（《胡适的日记》手稿本第10册，台北远流图书公司，1990年，原书无页码）；又可参见胡适：《跋蒋廷黻先生的论文》，《独立评论》第45号，1933年4月9日。

〔6〕　胡适：《全国震惊以后》，《独立评论》第41号，1933年3月12日。

〔7〕　胡适：《论对日外交方针》，《独立评论》第5号，1932年6月9日；胡适致罗文干函（1932年9月15日），载耿云志主编：《胡适遗稿及秘藏书信》第20册，黄山书社，1994年，第289—290页。

联、这一目标根本无法实现时,他就不再主张对日交涉了。[1]热河沦陷后,胡适已经看到"日本军阀的欲望是不能满足的:把整个的中国做他们的保护国,他们也不会满足的"[2],"日本军人的侵略野心是无止境的"[3]。但到了1935年日本策划华北自治时,尽管胡适也对时局做出"日本独霸东亚,为所欲为,中国无能抵抗,世界无能制裁"的正确判断,但他仍通过王世杰向政府建议"与日本公开交涉,解决一切悬案",方法是"有代价的让步",他所提出的"让步"甚至包括承认"满洲国"!这与之前的主和主张,是一种明显的变化。[4]胡适一再表白这是谋求短时和平的权宜之计,目的是换回"十年的喘气时间",以为抗战做准备。因为他已虑到会出现求和而不能和的情形,那就只有痛下"绝大牺牲的决心","决心作三年或四年的混战,苦战,失地,毁灭"。为了准备这个"混战"、"苦战",必须先"详细计划一个作三四年长期苦斗的国策"。[5]所以,胡适提出了这么一个权宜之计。胡适出此计,还有另一目的:保全华北。[6]针对胡适的建议,王世杰认为,"在今日,如以承认伪国为某种条件之交换条件,某种条件既万不可得,日本亦决不因伪国承认而中止其侵略与威胁。而在他一方面,则我国政府,一经微示伪国之意思以后,对国联,对所谓华府

---

　〔1〕 胡适:《福建的大变局》,《独立评论》第79号,1933年12月3日。
　〔2〕 胡适:《世界新形势里的中国外交方针》,《独立评论》第78号,1933年11月26日。
　〔3〕 胡适:《敬告日本国民》,《独立评论》第178号,1935年11月24日。
　〔4〕 张忠栋先生认为,"到了民国二十四、二十五年,尽管日本的侵略越来越厉害,中日的悬案越来越多,但是胡适认为中日友谊的根本障碍,仍然是'满洲国'的存在,调整中日关系的先决条件,仍然是满洲国的取消"。载氏著:《从主张和平到主张抗战》,见《胡适五论》,允晨文化实业股份有限公司,1987年,第78页。
　〔5〕 1935年6月20日、27日胡适致王世杰函,1935年7月26日胡适致罗隆基函,载《胡适的日记》手稿本第12册。
　〔6〕 按,自日本侵略军1935年春夏策划华北自治始,胡适即明确反对。是年秋冬,所谓"华北自治运动"达到高潮,胡适不仅撰文反对,还警告华北当局不要丧失民族立场,并请华北当局拿办殷汝耕,更向蒋介石密函陈情:"无论敌人在华北作任何侵略或蚕食的举动,政府必须抗议,抗议必须公开。遇有重大事件,政府应明令守土官吏用武力守土。遇必要时,中央应令中央军队进驻华北。如此则'华北'时时成为全国的问题,将来我们才有话可说,才有仗可打。若华北在人不知不觉之中断送了,将来我们还等什么好题目才作战呢?"1937年11月12日胡适致蒋介石函,据台北"国史馆"藏"蒋中正总统文物",档号002020200023020。

九国,即立刻失其立场,国内之分裂,政府之崩溃,恐亦绝难幸免"[1]。事实也确实如此。因此王世杰拒绝将胡适的建议转呈蒋介石,胡的这次和谈主张再度不了了之。1937年7月下旬,胡适仍向蒋介石建议:"中央应负起和平解决的责任。"[2]8月初,日军已经占领平津,但胡适仍谋在大战前"做一次最大的和平努力"。其中的一条理由是:"我们今日所有的统一国家雏形,实在是建筑在国家新式军队的实力之上,若轻于一战,万一这个中心实力毁坏了,国家规模就很难支持,将来更无有较光荣的和平解决的希望了。"他提出的目标是:"彻底调整中日关系,为国家谋五十年的和平建设的机会";"充分运用眼前尚有实力可以一战的机会,用外交方法收复新失的疆土,保全未失的疆土"。为达此目的,胡适再度提出以"放弃东三省"作为让步。在胡适看来,似乎只要放弃东三省,就会阻止日军的侵略步伐,就可"求得此外一切疆土的保全与行政的完整"[3],中国就可努力实现现代化,然后再收复东北。这真是抱薪救火、与虎谋食的书生之见。一周之后,胡适的美妙理想即被"八一三"的炮火粉碎得灰飞烟灭,而他在这次抗战中也深深领教了中国军队的"能打"和"肯打",至此,他开始觉悟到"和比战难",逐步走上毫不动摇的坚持抗战之路。胡适所以放弃和平之路,除了中国军队的出色表现,还因为卢沟桥事变后的局势已经发展到他1935年预言的中国已经"被逼到无路可走的时候,被逼到忍无可忍的时候"——日本军阀灭亡中国的野心和行动已经再清楚不过,而这时也只有"不顾一切",做困兽的死斗,用中国的"焦土政策"来应付日本的"焦土政策"。[4]假如此时还不应战,岂不是要坐视整个中国都要沦为第二个"满洲国"?

　　和谈之路,本是一条死路,因为日本军阀"灭亡中国"的既定国策绝不

〔1〕　1935年6月28日王世杰复胡适函,载《胡适的日记》手稿本第12册。

〔2〕　1937年7月22日陈布雷致蒋介石电,据台北"国史馆"藏"蒋中正总统文物",档号00209105001051。

〔3〕　1937年8月6日胡适致蒋介石函,据台北"国史馆"藏"蒋中正总统文物",档号002080200622002。

〔4〕　胡适:《敬告日本国民》。

会轻易变更，而看清了日本侵略野心的中国政府也不会选择这条路。〔1〕尽管和平之路走不通，但胡适的主和立场六年间从未放弃，且事后亦终不悔。〔2〕假如我们只是单纯考察胡适和平主张的是非得失，而不把它与中国现代化联系起来，是很难全面、准确理解胡适的抗战思想的。胡适的主和，是放眼长远，〔3〕其根本目的在求得实现中国现代化的相对和平的环境，以根本解决民族危机。他所说的现代化，不只是军事现代化，还包括国家的统一、宪政、民主、思想言论自由和教育学术文化的进步等方方面面。不学时髦高喊救国口号，而把着眼点放在中国现代化方面，强调"咬定牙根做点有计划的工作，在军事、政治、经济、外交、教育各方面"做"长期拼命的准备"，〔4〕这种理性的民族主义对赢得抗战的最后胜利恰是至关重要的。

　　胡适在推动中国现代化的过程中，特别强调"我们不能倚靠他人，只可倚靠自己"，"中国方面应该如何自卫，那是我们自身努力的问题"。〔5〕这类似于后来中国政坛上的一个流行话语："独立自主"。但是，这绝不意味着，中国抗战能脱离国际大环境独自完成，相反，作为一个坚定的世界主义者，胡适一直把中日冲突放在国际的大背景下加以考察，并将中国抗战的前途与未来世界的命运相结合。这是胡适观察中日冲突的另一个鲜明特点。

　　胡适在揭露和谴责日本的对华侵略时，多次强调：这不单是对中国的侵略，更是对世界正谊的挑战，是对数十年来理想主义的世界新秩序的破

---

〔1〕　按，从"九一八"到"七七"的实际情形是：主和的不会谋到和平，主战的也不能促动中国政府主动对日宣战，所以无论主和还是主战，对中日全面冲突的实际发生影响并不大。

〔2〕　胡适1938年11月13日《日记》记道：覆咏霓文电，有云，"六年之中，时可可和，但事至今日，已不能和。六年中，主战是误国，不肯负责主和是误国，但今日屈伏更是误国"（《胡适的日记》手稿本第13册）。

〔3〕　胡适一再强调："国家的生命是千年万年的生命。"（胡适：《我们可以等候五十年》，《独立评论》第44号，1933年4月2日。）又说："我们的政策，眼光可以望着将来，而手腕不能不顾到现在。"（1935年6月20日胡适致王世杰函，载《胡适的日记》手稿本第12册。）

〔4〕　胡适：《内田对世界的挑战》，《独立评论》第16号，1932年9月4日。

〔5〕　胡适：《国联报告书与建议案的述评》，《独立评论》第39号，1933年2月26日。

坏。1932 年日本承认"满洲国"时,胡适怒斥这种行径是"破坏九国公约、非战公约和国联盟约,是向世界的舆论挑战"[1]。1933 年日本无视国联的调解建议而进攻热河时,胡适评论道:这"已不仅是中国与日本的冲突了……乃是日本与世界正谊的作战"[2]。早在 1932 年,他就预言,如果日本的疯狂行动不被制止的话,中国和整个文明世界"都将准备过十年的地狱生活";而日本的行为若不悛改,"这个世界为了整个世界的安全,必有联合起来共同制裁日本的一日"。[3] 1935 年,伴随着日本的侵略步伐加快,胡适又断言:"在一个不很远的将来,太平洋上必有一度最可惨的国际大战,可以作我们翻身的机会,可以使我们的敌人的霸权的消灭。这也是不很可疑的。"[4]事实证明,这些预言也都准确无误地应验了。

胡适所以特别强调国际局面的重要,其理由是:"国家的生命是国际的,世界的,不是孤立的……"[5]"我们不可因为怕一个强暴的敌人就完全抛弃了全世界五六十个同情于我们的友邦。"[6]他认为制定外交方针时"要把眼光放的远一点,认清国际的趋势,决定一个国家民族的朋友和敌人,并且努力增加朋友,减除敌人"[7];相反,"我们此时若离开国际的局面而自投于敌人手下,不过做成一个第二'满洲国'而已"[8]。"八一三"之后,胡适更加寄希望于国际局势的转变。他从事战时外交五年,最坚决主张的是"苦撑待变":"所谓变者,包括国际形势一切动态,而私心所期望,尤在于太平洋海战,与日本海军之毁灭。"[9]他认为"苦撑"是"变"的前提,只要中国付出庞大牺牲,美国才会卷入战争。而他在美国的演讲活动,仍然将痛斥日本破坏世界新秩序的责任等作为主要内容,与战前是

〔1〕 胡适:《究竟那一个条约是废纸》,《独立评论》第 19 号,1933 年 9 月 25 日。
〔2〕 胡适:《国联报告书与建议案的述评》。
〔3〕 胡适:《保全华北的重要》,《独立评论》第 52、53 号合订本,1933 年 6 月 4 日。
〔4〕 1935 年 6 月 20 日胡适致王世杰函。
〔5〕〔6〕 胡适:《我们可以等候五十年》。
〔7〕 胡适:《世界新形势里的中国外交方针》。
〔8〕 胡适 1933 年 3 月 14 日《日记》,《胡适的日记》手稿本第 11 册。
〔9〕 胡颂平编著:《胡适之先生年谱长编初稿》第五册,台北联经出版事业股份有限公司,1984 年,第 1709 页。

一脉相承。

　　一方面特别重视中国现代化,一方面又不忽略国际局面,这是胡适观察中日冲突后提出的两条基本的因应之道。所有"和"、"战"主张以及前后变化,都是以上两条因应之道在具体形势下的具体主张。早前,学界在研究抗战时期胡适的对日态度时,主要把研究的视角和重点放在由"和"到"战"的变迁方面,也取得不少成果。[1] 即将出版的日本北海道大学胡慧君博士所著《抗日战争时期的胡适》一书,亦是按照"和"、"战"主张及前后变化的思路加以研究的。

　　2012 年 8 月,笔者初识来本所访问的胡慧君女士,并就胡适研究进行了深入的交流和探讨。其时,胡女士正在对其博士论文《抗日战争时期的胡适——其战争观的变化及在美国的演讲活动》做最后的修改,并联系在国内出版。稍后,胡女士来函告知,出版事宜已经商妥,并将书稿电子本发来请笔者提意见,还提出要我做一篇序言。因深知自己才疏学浅(这绝对不是什么自谦),实在不愿接受这一邀约。但胡女士至为诚恳,也只有勉为其难。答应此事后,我先是找来能看到的胡适有关这方面的政论、《日记》、书信、演讲以及所有的相关研究论著。在反复思考的基础上,我写下了上面的文字。然后,我数度精读胡女士的著作,现在也把感想报告给读者。

　　胡著共四章,就其内容可分为两大部分:前两章(《从主和到主战》、《胡适的〈墨子·非攻〉研究与其战争观》)研究胡适的战争观,后两章(《作为驻美大使之胡适的演讲活动》、《作为特使与驻美大使之胡适的演讲活动之意义》)剖析胡适演讲活动的内容和意义。

　　在第一章,作者认为:从"九一八"事变到 1937 年 8 月 6 日,胡适的基本路线是主张议和。作者不同意余英时"至晚从 1935 年 7 月始,胡适已逐渐修正其和平看法"的观点,认为胡适此时依然还在主张议和,只不过"萌发

―――――――――

　　〔1〕 可参见张忠栋《从主张和平到主张抗战》、耿云志《七七事变后胡适对日态度的改变》,载《胡适新论》,湖南出版社,1996 年;莫高义《书生大使——胡适出使美国研究》,广东人民出版社,2006 年;陈永祥《胡适、宋子文与抗战时期美援外交》,《抗日战争研究》第 80 期,2011 年 2 月。

了抗战的决心"。1937 年 8 月 13 日,胡适看到了中国军队勇敢抵抗了日军的情景,毅然扔掉了议和主张抗战,从而变为彻底地全面地支持对日抗战。

对胡适在全面抗战前顽固的和平主张,早前的研究者只笼统地提出"和他早年的和平思想有关"[1],而未有深论。作者根据《胡适口述自传》的一条线索[2],在第二章仔细研究了《墨子·非攻》的战争论、"义"与"利"以及胡适的理解,阐释了胡适的战争论与《墨子·非攻》中、下篇的关系。作者将《墨子·非攻》的基本思想与胡适从主和到主战的转变以及他作为驻美使节在美国的外交活动加以对照研究,指出《墨子·非攻》上篇是胡适作为极端和平主义者的思想根源。应该指出,这种研究视角和结论都是全新的。

演讲是胡适从事外交活动的主要手段,考察和评价胡适的演讲活动历来是研究胡适战时外交生涯的首要问题。但先前的研究只是根据胡适的有关表述,笼统地说胡适演讲甚多,至于五年间究竟演讲多少次,在何时、何地演讲,演讲对象为何人,演讲的内容是什么,等等,则尚未有全面、系统地梳理。《抗日战争时期的胡适——其战争观的变化及在美国的演讲活动》一书则根据胡适的《日记》、年谱等目前所能查到的资料,对历次讲演的时间、地点、标题、对象者、出处·根据、备考等六个方面的信息详细列述。据作者统计,从 1937 年 9 月 23 日到 1942 年 9 月 18 日,胡适共做讲演 238 次,其中的 35 次以演讲记录的形式发表,另有 34 次以论文形式发表。这种扎实、细密的资料工作,是本书的一大亮点。这一工作不仅具有重要的补白意义,且为其进一步分析胡适演讲的内容和意义打下了坚实的基础。作者指出,胡适演讲内容的"关键词"有八:九国条约(世界新秩序、国际新秩序、新国际主义、新世界道德);自杀愚行(日本切腹);福奇谷作战(Valley Forge);苦撑待变;为世界作战;民族生存、抵抗侵略;美国的国际领导权;日本的侵略行为。

---

〔1〕 张忠栋:《从主张和平到主张抗战》,《张忠栋文集 胡适五论》,台北稻乡出版社,2005 年。

〔2〕 胡适:《胡适口述自传》,安徽教育出版社,1999 年,第 58 页。

　　战时日本的报刊如何刊载、报道、评价胡适的演讲活动，这是"胡适与抗战"研究的薄弱环节。对此，胡著做了深入研究。更为难能可贵的是，胡著还对日本刊载的胡适的演讲文稿与中文以及英文原文加以比较分析，以此了解胡适的演讲在日本的反应，以及对日本的影响，并以此探究胡适演讲对日、美开战所起的作用。作者通过仔细比对指出，日本报刊在登载胡适演讲时不仅故意地把"侵略"（aggressive policy）译成"政策"，把"日本帝国主义"（Japanese imperialism）和"日本军国主义"（Japanese militraism）只译成"日本"；还有意删掉了揭露日军暴行的语句："我不想强调日军在南京大屠杀和各地毒害沦陷区民众中所表现道德沦丧的事"，"于是决定在中国获得安定和强盛之前要粉碎国家主义的中国"；有意删掉了揭露日军战时困难的具体事例：每天伤亡近千人，新公债无法售出，为购买战争物资使进口额远超过出口额；有意删掉了表明中国人抗战决心的语句："这次战争非到中国获得公平和荣耀得和平是不会终止的"，诸如此类，不胜枚举。作者对每次删改，均做出了自己的分析。如关于上引最后一条，作者就分析道："如果日本国民知道了中国的这个决心，那么也会让日本国民知道这个战争将会变得长期化、泥沼化，也同样会使他们增加厌战心情。可以推测：对日本来说，如果举出对自己不利的事实，会给日本国民带来坏影响。"通过比对和分析，凸显了胡适的演讲对日本的影响。作者的最后结论是："……形成支持中国舆论的基础的是胡适的外交活动，特别是他的演讲活动的效果最大。正是胡适自 1937 年 9 月末开始对美国国民等做的 400 次之多的演讲造就着这个支援中国的舆论基础。正因为有着这样踏踏实实的努力，慢慢地在美国形成了支援中国的舆论，造就了约三年之后去美的宋子文对美外交的基础。"笔者以为，这是平情之论。

　　要之，这是一部颇有新意的胡适研究著作，值得胡适研究学界关注。

宋广波

2012 年 11 月于北京

绪　论

一、先行研究

在抗日战争时期的 1937—1942 年,胡适作为驻美特使以及驻美大使在美国,不懈地向美国国民陈诉中国彻底抗战的决心,最后终于等来了美国参加太平洋战争。但是,在 1931 年 9 月 18 日由日军发起的"柳条湖事件"的当时,胡适并没主张抗战,却主张了议和。胡适从主和转变到主战,是他对抗日战争的认识变化的核心问题。那么为何他当初不是主张抗战而是主张议和的呢?他又是在什么时候改为主张抗战了的呢?关于胡适从议和转向抗战的变化问题,已经有几个重要的先行研究了,其中主要是张忠栋[1]和余英时的研究,在日本则有佐藤一树的研究。

同时我们也可考虑到,胡适的议和主张以及从议和转向抗战的主张变化,是否有他自己内在的思想因素呢?有关这个问题,据笔者所知,目前还没有先行研究,所以在此,笔者将试图以《胡适口述自传》为基础材料,一并进行讨论。

---

[1]　张忠栋主要以胡适自己的论文、当时的信件及电文为中心资料进行了研究。详细参见张忠栋:《从主张和平到主张抗战》,《张忠栋文集　胡适五论》,台北稻乡出版社,2005年,第 67—109 页。

　　胡适在抗日战争及中国内战都结束之后，还滞留在美国。当时，胡适的母校哥伦比亚大学的东亚研究所附属中国口述历史学部采访中国的名人，做口述自传。当时就任于哥伦比亚大学图书馆的安徽籍同乡唐德刚，对晚年的胡适进行了16次正式录音采访。他以胡适自己的口述自传为基础，编辑了《胡适口述自传》[1]。在自传中，胡适对《墨子·非攻》给自己的思想所带来的影响，作了如下的陈述：

　　　　其后好多年，我都是个极端的和平主义者。原来在我十几岁的时候，我就已经深受老子和墨子的影响。这两位中国古代哲学家，对我的影响实在很大。墨子主"非攻"，他底"非攻"的理论实是名著，尤其是三篇里的《非攻上》实在是最合乎逻辑的反战名著，反对那些人类理智上最矛盾，最无理性，最违反逻辑的好战的人性。[2]

　　胡适称自己"好多年，我都是个极端的和平主义者"，从十几岁的时候就开始深受老子、墨子思想的影响了，特别对《非攻》上篇评价最高。《墨子·非攻》分成上、中、下三篇，那么为何胡适只称赞《非攻》上篇"是最合乎逻辑的反战名著，反对那些人类理智上最矛盾，最无理性，最违反逻辑的好战的人性"呢？要阐明胡适和《墨子·非攻》篇的关系，对研究胡适从主和转变为主战以及研究他在担任驻美特使及驻美大使期间的活动，理解《墨子·非攻》篇是如何给胡适的思想带来影响的是非常重要的。

　　胡适从主和转变为主战，此后，又作为驻美特使及驻美大使在美国进行外交活动，笔者认为其中最应该关注的是他的演讲活动。关于胡适的演讲活动以及外交活动的研究，在中国大陆和台湾地区以及在以美国为中心的国外，已经有许多论文和书籍，在此，笔者仅阐述对本书最重要的六个先行研究。

―――――――――

〔1〕　唐德刚：《胡适杂忆》，台北远流出版事业股份有限公司，2005年，第300页。
〔2〕　胡适：《胡适口述自传》，安徽教育出版社，1999年，第67页。

第一，张忠栋在《胡适五论》一书中，对胡适的演讲活动作了详细的介绍。首先，他指出："他在四年大使任内，马不停蹄，到处演讲。"并举了在日本袭击珍珠港后，胡适给国内朋友所写的信，说："今年体气稍弱，又旅行一万六千英里，演讲百余次，颇感疲倦。六月以后，稍可休息；我在此三年不曾有一个 weekend，不曾有一个暑假，今夏恐非休息几天不可了。"[1]也提及了驻美大使胡适的演讲活动的次数之多。关于这封信，张氏还提及了唐德刚对胡适的"行万里路，演百余讲"，用安徽农民的谚语称为"捞鱼摸虾，耽误庄稼"进行了批评。张氏从三方面来分析胡适演讲活动的意义，即"中、美双方舆论的期望"、"胡适演讲的内容"以及"中国的抗战与未来世界的命运相结合"。正如他所说："从这些演讲内容看，实在看不出胡适大使有亏职守。中国在艰苦抗战之中，中国抗战有益于欧洲的反侵略战争，有益于未来的世界和平，像这些中国抗战的重要讯息，由一位善于演讲的中国大使利用众多的演讲机会，直接传达给广大的美国听众，这在民主开放的美国社会中，就是最有效的宣传，最能赢取同情和支持。"[2]张氏高度评价了驻美大使胡适所做的演讲活动。针对胡适演讲活动所发生的反响，张氏指出："胡适能够到处演讲，不但美国各方请他演讲，连加拿大也请他去演讲，这就是他的演讲广受欢迎的明证。珍珠港事变发生之后，加拿大政府甚至请他到温哥华演讲，帮他们劝募胜利公债。"[3]举了胡适的演讲深受欢迎的例证。同时，他还提及了《纽约时报》、《纽约时报杂志》刊载胡适事迹之事。张氏还详细地介绍了日本方面的反应，指出："民国二十六年胡适以特使身份在美宣扬抗战，他的一言一动，日本报纸都详细地报道。"[4]其中，张氏还举了胡适在就任驻美大使时候《日本评论》对其的评论，1940 年 10 月《日本时报》的社论以及 1941 年 10 月 5 日在御前会议上东条英机提及胡适和宋子文之事，说"他的演

〔1〕　胡颂平编著：《胡适之先生年谱长编初稿》第五册，台北联经出版事业股份有限公司，1984 年，第 1776—1777 页。

〔2〕〔3〕　张忠栋：《胡适五论》，台北稻乡出版社，2005 年，第 142 页。

〔4〕　张忠栋：《胡适五论》，台北稻乡出版社，2005 年，第 144 页。

讲,无论是在美国还是在日本,都引起了广泛的重视和强烈的反应",指出了日本把胡适的演讲活动作为问题来看待,并予以了强烈的反应。

第二,余英时在《重寻胡适历程——胡适生平与思想再认识》一书中,关于 1937 年 10 月 1 日胡适在哥伦比亚广播电台演讲的"What China Expects of America in the Present Crisis",作了如下陈述:

> 这第一篇广播词定下了他此后数以百计的讲词的基调,这才是他作为驻美大使的主要特色,他对中国抗日战争的最大贡献也在此。[1]

对于胡适的演讲活动所产生的效果,余英时评价说:"他年复一年地四处演讲究竟发挥了多大的实际效果,这是无法精确估计的。"[2]余氏还提及了日本方面对于胡适的演讲活动所作的反应:

> 《日记》中保存了一张 1940 年 10 月 31 日《纽约时报》的报道,为我们提供了一个有趣的线索。这篇报道转述东京英文(*Japan Times*)(《日本时报》)的评论,对美国国务院在幕后支持胡适大使的巡回演讲,极表愤怒。它指责胡适以大使身份到处演讲,是刻意激起群众对日本的仇恨,并将美国引入和日本的战争(见《日记》1940 年 10 月 31 日条)。这至少说明,在日本政府的眼中,胡适的演讲活动已构成美、日关系的一大威胁。[3]

第三,莫高义在《书生大使——胡适出使美国研究》一书中,举出了大大量胡适研究的先行研究,并在进行分类、归结后,指出了目前对作为驻美大使胡适的研究还不多。莫氏除使用了胡适的《日记》、《自传》等资料,还

---

[1][2][3] 余英时:《重寻胡适历程——胡适生平与思想再认识》,广西师范大学出版社,2004 年,第 57 页。

运用了美国国家资料馆所藏资料、战争时期的美国对中国的全部外交资料以及美国国会图书馆所保管的历史资料、报纸等胡适作为驻美大使时期的历史资料等,从新的角度和题材对胡适进行了研究。莫氏由于自己从事着对外宣传的工作,所以对胡适在驻美期间的演讲活动很感兴趣,对这方面的记载很详细。他高度评价了胡适的演讲活动:

应该说,在七十年前胡适出使美国期间,他为捍卫民族独立,争取美国理解和支持中国抗战所发表的大量演讲,虽被一些人指责是"不务正业",但胡适深厚的学养、强烈的民族责任感、高超的演讲沟通技巧、对形势的精确分析和对听众心理的准确把握以及演讲产生的良好宣传效果,不仅在当时就得到高度评价,而且时至今日,细读其鞭辟入里的演讲,联系今天自己所从事的外宣工作,仍深受鼓舞和教益。[1]

在第一章四(三)"游说美欧,成为过河卒子"中,详细地分析了胡适从1937年9月开始作为特使在美国和欧洲所做的演讲活动。同时,还引用了1938年7月16日杨鸿烈给胡适的信,说"在日本人眼中,先生是他们的'侵略主义'的大对头。他们甚至说,蒋总司令现在的政权也是建设于您的《独立评论》的哲学之上。先生在美的一言一动,日本的报纸都详为揭载。日本人或以为先生故意诬蔑他们的皇军在我国施行武力的假'王道政治',或以为先生们善于为有组织的宣传,而同时政府又肯拨给巨万的宣传费……故使美国排日的空气甚为浓厚"[2],指出日本非常重视胡适的演讲活动。并且,在第三章"成功阻止美日妥协演讲宣传功不可没"中,大量地举了胡适作为驻美大使的演讲内容并予以详细分析。在最后第四章"风格诚可道毕竟是书生"中,说"在美演讲宣传虽非国内政府明确

---

〔1〕　莫高义:《书生大使——胡适出使美国研究》,广东人民出版社,2006年,第16页。
〔2〕　莫高义:《书生大使——胡适出使美国研究》,广东人民出版社,2006年,第69页。

下达给胡适的外交任务,但胡适在完成指定任务的过程中都以演讲为重要工作手段。胡适任使期间演讲次数之多、质量之高、效果之好,在中国历任使节中显得非常突出"[1],再次强调了胡适的外交特色。

第四,在最近的研究中,有陈永祥的《胡适、宋子文与抗战时期美援外交》[2]一文。关于胡适的演讲活动,他评价道:"作为大使,胡适最大的努力,还是坚持到各地巡回演说。他充分发挥学者的优势,大力开展'民间外交',着重向美国朝野宣传中国抗战的国际意义,以增进中美两国之间的了解与信任。为此,他行色匆匆,奔走全美,四处演讲,广交朋友,以其诚恳态度和学问声望,博得了罗斯福及其内阁以致美国知识界和舆论界的尊重和欢迎。"[3]还提到了当时美国人对胡适的态度:"据胡适的学生吴健雄说,美国友人告诉她,'华盛顿政府上下人员'对胡适'都是崇敬备至'。"[4]并且,还说了罗斯福总统对胡适信赖之事:"罗斯福多次在致蒋介石电函中称扬胡适,王世杰曾亲见罗斯福给蒋介石信上有'于适之信赖备至'等语。"[5]陈氏还对胡适的演讲活动以外的民间外交活动也进行了评价,指出:"胡适还积极促成由他的美国老同学发起成立了'美国不参与日本侵略委员会',聘请前国务卿亨利·史丁生(1940 年 6 月出任陆军部长)为名誉会长,这个民间组织在影响美国制日援华方面做了大量工作。"[6]

在中国大陆和台湾地区,除上述以外,还有许多先行研究。关于这些,莫高义已经有非常详细的介绍,具体参见其《书生大使》一书中的"绪论"部分内容即可。

日本方面有关胡适演讲活动的研究,虽然不多,但也已有一些不错的成果。主要可举绪形康的《记忆は抵抗する—驻米大使、胡适の抗日战

〔1〕 莫高义:《书生大使——胡适出使美国研究》,广东人民出版社,2006 年,第 210 页。
〔2〕 陈永祥:《胡适、宋子文与抗战时期美援外交》,《抗日战争研究》第 80 期,中国社会科学院近代史研究杂志社,2011 年 2 月。
〔3〕〔4〕〔5〕〔6〕 陈永祥:《胡适、宋子文与抗战时期美援外交》,《抗日战争研究》第 80 期,中国社会科学院近代史研究杂志社,2011 年 2 月,第 116 页。

争—》和佐藤一树的《国民使节胡适の对米宣传活动に关する考察—1937
年～1938 年—》两个研究。

　　第五,在绪形康《记忆は抵抗する—驻米大使、胡适の抗日战争—》一
文中,作为胡适研究的基本材料,他举了驻美大使时期的胡适。关于胡适
的演讲活动,他评价说:"胡适在任大使工作最后的 1942 年,竟在一万六
千英里的旅途里,处理了百余次演讲的过密行程。其实,胡适抗日战争的
精髓就在这个演讲中。"[1]并且,他指出,在胡适的演讲中,可以看出以下
两大特征:"(1)文化对应的类型化;(2)一个叫做奋斗自由主义的思想体
系的登场。"[2]同时,绪形氏还谈到:"在日美开战的不久前,东条英机在
御前会议中,直指胡适是致使日美敌对的元凶,在昭和天皇面前痛骂胡
适。可是,胡适却从战争的记忆中被忘却了。"[3]另外,绪形氏还指出了
胡适的演讲对现代的影响:"从胡适的演讲中能看到两个内容所表象的'记
忆',不管是批评日本'军国主义'的论点也好,还是'奋斗自由主义'的主张
也好,在 1949 年以后的中国里,都构成了国家级规模的、再生产了的言论
体系。"[4]最后,绪氏得出结论:"以上的记忆在'记忆的政治力学'的文脉
中,胡适这个固有名词被'消'掉了。这种消失,有自然的因素,也有某种政
治操作的因素……胡适抗战,'挑战'着至今为止的战争记忆。"[5]

　　第六,佐藤一树在《国民使节胡适の对米宣传活动に关する考察—
1937 年～1938 年—》一文中,从两方面探讨了胡适的演讲活动:"在美国,
胡适进行了怎样的宣传活动,取得了怎样的成果"[6];"从在美国的日本
宣传之战这个视角来看胡适的对美宣传活动"[7]。佐藤氏将胡适的对
美宣传内容主要归纳为以下两点:"(1)说明中国的抗战目的;(2)期待美

　　〔1〕〔2〕〔3〕 绪形康:《记忆は抵抗する—驻米大使、胡适の抗日战争—》,《现代
中国研究》第 12 号,东京中国现代史研究会,2003 年 3 月 30 日,第 19 页。
　　〔4〕〔5〕 绪形康:《记忆は抵抗する—驻米大使、胡适の抗日战争—》,《现代中国研究》
第 12 号,东京中国现代史研究会,2003 年 3 月 30 日,第 23 页。
　　〔6〕〔7〕 佐藤一树:《国民使节胡适の对米宣传活动に关する考察—1937 年～
1938 年—》,《中国研究月报》,东京中国研究所,2006 年 5 月,第 18 页。

国发挥应有的作用。"[1]指出了胡适的对美宣传活动，"从日本外务省及媒体等诸反应可以看出，日本对胡适的宣传活动予以了注意，并对此十分警戒"[2]。并且，佐藤氏还举了日本方面对胡适宣传活动所做的报告活动等，指出"他的宣传活动给美国舆论带来了影响，更加促进了（美国的）亲华舆论"[3]，而且"胡适的对美宣传活动，在国民政府实际推进抗日战争过程中占有重要的位置"[4]，对胡适的宣传活动予以很高的评价。对胡适的实际演讲内容，佐藤氏详细地分析了1937年10月1日胡适在旧金山哥伦比亚广播电台演说的《处在危机中的中国对美国的期望》和1937年11月13日演讲的《远东冲击后面的问题》以及在日本杂志《文艺春秋》上刊载的《支那抗战の意义と将来》一文。同时，佐藤氏还介绍了东京《朝日新闻》1937年9月9日、1937年9月26日、1937年9月28日、1938年5月8日的报道，并且还详细分析了日本的内阁情报部和外务省的资料。

关于抗日战争时期胡适在美国的演讲旅程及次数的先行研究，至今为止，基本上都基于胡适在1942年5月17日给朋友翁文灏和王世杰的信——"旅行一万六千英里，演讲百余次"[5]。例如，详细研究了胡适演讲活动的张忠栋在《胡适五论》一书中引用了这封信。莫高义在《书生大使》一书中除了引用这封信以外，还引用了"赴全美各地演讲400次之多"的胡适的回忆。同时，日本的绪形康也在《记忆は抵抗する—驻米大使、胡适の抗日战争—》一文中提到"胡适在任大使工作最后的1942年，竟在一万六千英里的旅途里，处理了百余次演讲的过密行程"。

〔1〕 佐藤一树：《国民使节胡适の对米宣传活动に关する考察—1937年～1938年—》，《中国研究月报》，东京中国研究所，2006年5月，第18页。

〔2〕 佐藤一树：《国民使节胡适の对米宣传活动に关する考察—1937年～1938年—》，《中国研究月报》，东京中国研究所，2006年5月，第21页。

〔3〕 佐藤一树：《国民使节胡适の对米宣传活动に关する考察—1937年～1938年—》，《中国研究月报》，东京中国研究所，2006年5月，第22页。

〔4〕 佐藤一树：《国民使节胡适の对米宣传活动に关する考察—1937年～1938年—》，《中国研究月报》，东京中国研究所，2006年5月，第23页。

〔5〕 胡颂平编著：《胡适之先生年谱长编初稿》第五册，台北联经出版事业股份有限公司，1984年，第1777页。

二、问题的提出

纵观至今为止的先行研究,有关胡适从主和转变到主战的思想的研究,除了余英时以外,胡适的日记及《日记》中所附的信没有被充分地利用。但是要阐明胡适主张的变化过程,笔者认为还是要以他自己写的日记及《日记》中所附的信为基本资料。

同时,一方面,关于胡适与《墨子·非攻》的关系,据笔者所知,至今还没有先行研究。但是,要研究胡适从主和转变到主战以及他作为驻美特使及驻美大使在美国的外交活动,要理解是什么给胡适的思想带来了影响,这是非常重要的问题。笔者认为有必要进行探讨。并且,关于抗日战争时期胡适在美国的演讲的旅程和次数,先行研究都只是根据胡适的言词说了演讲次数的大概,但实际他在何时、何地,以何对象,以怎样的内容,究竟做了几次演讲,一个一个有证据的统计性的分析研究似乎还没有。要阐明胡适的演讲活动如何影响了美国的世论,笔者认为有必要对他的演讲形态进行详细的分析。而且,至今为止,除日本以外的先行研究,关于胡适的演讲内容日本方面是如何刊载,同时,日本的报纸是如何报道胡适的外交活动,也还没有详细的研究。

另一方面,在日本,虽然有对胡适作为驻美特使的研究,正如佐藤氏在论文标题中所写的那样,仅限于对胡适在特使期间(1937—1938)的研究。但对于胡适作为驻美大使期间的演讲活动,日本媒体是如何报道,还没有更为详细的研究。并且,以当时的报纸和杂志为对象,把当时日本刊载的胡适的演讲文稿与中文以及英文原文进行比较的研究也还没有。关于胡适演讲的意义,对日本以及日美开战所产生的影响,笔者认为有必要研究作为抗日战争的当事者,即中国的敌国——日本对他的演讲作出的反应。其实这也关系到对胡适外交活动的正确评价问题。

因此,笔者在本书中,基于以上的问题点,以目前所能查到的资料为基础,在第一章《从主和到主战——由胡适〈日记〉看其主张的变化》中,将主要以《胡适日记》以及《日记》中所附信件为基础,对胡适由主和转向主战的主张变化加以考察。在第二章《胡适的〈墨子·非攻〉研究与其战争观》中，将对胡适的和平主义，他在对日抗战时期的想法以及作为驻美特使及驻美大使期间的活动，与《墨子·非攻》有怎样的关系进行讨论。在第三章《作为驻美大使之胡适的演讲活动》中，将对胡适在驻美特使及驻美大使期间所做的演讲活动，他在何时、何地，以何对象，以怎样的内容，究竟做了几次，一个一个有证据地进行统计性的分析。在第四章《作为特使与驻美大使之胡适的演讲活动之意义》中，将对驻美特使及驻美大使胡适的演讲内容，日本方面是怎样刊载的，日本的报纸是如何报道的以及对日本的杂志所作出如何反应的进行分析。同时，还将对日本刊载的胡适的演讲文稿与中文以及英文原文进行比较分析。

第一章
从主和到主战
——由胡适《日记》看其主张的变化

在抗日战争时期的 1937—1942 年,胡适作为驻美特使以及驻美大使在美国,不懈地向美国国民陈诉中国彻底抗战的决心,最后终于等来了美国参加太平洋战争。但是,在 1931 年 9 月 18 日由日军挑起的"柳条湖事件"的当时,胡适并没主张抗战,却主张了议和。胡适从主和转变到主战,是他对抗日战争的认识变化的核心问题。那么,为何他当初不是主张抗战而是主张议和的呢?他又是在什么时候改为主张抗战了呢?关于胡适从议和转向抗战的变化问题,已经有几个重要的先行研究了。其中余英时在《从〈日记〉看胡适的一生》一文中,指出"至晚从 1935 年 7 月始,他已逐渐修正他的看法了"[1]。余英时举了两点根据。

其一,是 1935 年 6 月 27 日夜,胡适写给朋友王世杰(当时的教育部长)的长信。即"在不很远的将来也许有一个太平洋大战,我们也许可以翻身……但我们必须要准备三四年的苦战。我们必须咬紧牙根,认定在这三年之中我们不能期望他国加入战争。我们只能期望在我们打的稀烂而敌人也打的疲于奔命的时候,才可以有国际的参加与援助"等。胡适希望王世

---

[1] 余英时:《从〈日记〉看胡适的一生 五 出使美国(1937—1946)》,《重寻胡适历程——胡适生平与思想再认识》,广西师范大学出版社,2004 年,第 51—52 页。

杰将此信转告蒋介石等政府要人。

其二,是胡适 1935 年 7 月 12 日的日记。日记中他写道:

> 到苏俄大使馆,会见大使鲍格莫洛夫(Богомолов Дмитрий
> Васильевич),同饭畅谈。他说:"我为中国人设想:如和平可得,如可
> 得十年或二十年的喘气时间,当然应该与日本妥协。即割了平津也
> 不妨。但和平终不可得耳。"[1]我也承认他的话不错。

余英时根据日记上写的胡适"承认他的话不错",指出:这就表示他已
经深切认识到中日之间的"和平终不可得"。因此,余英时作出的结论是:
"所以我们决不能根据后来的档,甚至胡适自己的话,断定他在抗战之前
的六年中仅知有'和'之一字,直到 1937 年 8 月以后(即'八一三'之后)才
转变到'和比战难'的观点。至晚从 1935 年 7 月始,他已逐渐修正他的看
法了。"本稿以余英时所提出的这两个证据为中心,同时通过检证胡适此
则日记的前后,根据当时的时代背景,试着厘清他的主张变化过程。为了
阐明这一点,所用的基本资料应该是《日记》以及《日记》中所附信件,但先
行研究中,除了余英时以外,这些资料都没被引用,所以在本书中,笔者将
以《胡适日记》为基础资料进行探究。

一、胡适之主和[2]

胡适在"九一八"事变以后,一贯主张通过外交与日本谈判,主张和平
解决两国间的悬案。希望在与日本谈判期间,中国全力致力于军事设备
的近代化,以阻止日本武力征服的阴谋。

但是,对于胡适的对日主和的态度,在自 1951 年的胡适批判运动中,

---

[1] 引号为笔者所加。
[2] 是主张跟日本议和的意思,以下略称"主和"。

胡适的朋友翁文灏

在强烈批判他的亲美思想和行动的同时,也批判了他在抗日战争时,逃避与日本作战,提倡"和平论"的主张。[1] 那为什么胡适会有如此引起公愤的主张呢?此原因在于,除了他早年就受到了和平主义思想的影响外,[2]最主要的,还是他认为当时中国军事的力量远不能与日本对抗。[3]

余英时说:"胡适之所以有此根深蒂固的忧惧与 1933 年和蒋介石的一次对话有很大的关系。"[4]1933 年 3 月,热河省被日军占领,蒋介石去保定处理军务。胡适与翁文灏、丁文江一起去访问了蒋介石。胡适在1933 年 3 月 13 日的日记中写道:

> 五点见蒋介石,谈了两点钟。他自认实不料日本攻热河能如此神速。(中略)我们问他能抵抗否,他说,须有三个月的预备。我又问:三个月后能打吗?他说:近代式的战争是不可能的。只能在几处

〔1〕 绪形康:《记忆は抵抗する—驻米大使、胡适の抗日战争—》,《现代中国研究》第12 号,东京中国现代史研究会,2003 年 3 月 30 日,第 16 页。
〔2〕 胡适口述,唐德刚注译:《胡适口述自传》,安徽教育出版社,1999 年,第 67—68 页。
〔3〕 胡适口述,唐德刚注译:《胡适口述自传》,安徽教育出版社,1999 年,第 83 页。
〔4〕 胡适口述,唐德刚注译:《胡适口述自传》,安徽教育出版社,1999 年,第 49 页。

地方用精兵死守,不许一个生存而退却。这样子也许可以叫世界人
知道我们不是怕死的。其实这就是说,我们不能抵抗。

余英时认为,与蒋介石的这次会谈对胡适的影响很大。因为蒋介石
是全国的军事统帅,他已经判断中国还不能和日本打"近代式的战争",那
谋国者就不能将国家的命运轻易地孤注一掷。所以这就加深了胡适避战
而谋和的意识。

二、友人书信之往还

笔者通过胡适给朋友王世杰及罗隆基[1]的信,试图探明一点,即胡
适在 1935 年 6 月到 7 月间,他的主张是否从议和转变到了抗战?

首先,看看胡适和王世杰之间往来的信件。

胡适在 1935 年 6 月连续给王世杰寄了三封信。第一封信是在 6 月
17 日写的。因为胡适未曾复写此信,所以没有原文,但是关于这封信的
内容,胡适在 1935 年 7 月 26 日给罗隆基的信中有提到。在该信中,他
写道:

> 我共写了三函与雪艇(笔者按,即王世杰,字雪艇),第一函因为
> 赶快车,未曾留稿。大意为"与日本公开交涉,解决一切悬案"。原则
> 为求的十年的和平,方法为有代价的让步。
> 我举一例为伪国(笔者按,指傀儡满洲国,下同)的承认:我提出
> 的代价有三:一为热河归还,长城归我防守;二为华北停战协定完全
> 取消;三为日本自动的放弃辛丑和约及附带换文中种种条件,如平、
> 津、沽、榆一带的驻兵,及铁路线上我国驻兵的限制等等。人或笑此

---

〔1〕 罗隆基(1896—1965),作为评论家、政治学者,杂志《新月》主编,与胡适同属"新
月派",抗日战争期间参加国民参政会后因批评国民政府而被除名。1953 年任中国民主同
盟副主席,后在"反右派"斗争中被批判。

三条件为绝不可得,我不信此说,至少这是我们应有的讨价。如中东路岂不是已在日本手中了,又何必出价收买,更何必与苏联谈判至两年之久?谈判至两年之久,即是苏联外交的大胜利了。

同人或谓伪国的承认在今日已不值钱。此亦大错。何不看看中东路的交涉?中东路的让与,与伪国的承认,其重轻相去不可以道里计。伪国之承认关系全世界五十个国家的公议,岂无出大代价的价值?日本人也许宣传他们不重视此举,此是狐狸攀不着葡萄,只好摇头说葡萄是酸的,他本来不想吃!

我的第一方案是公开的交涉,目的在于谋得一个喘气的时间。(后略)〔1〕

在这封信中,胡适对抗日战争问题主张"与日本公开交涉,解决一切悬案",提出了"原则为求的十年的和平","方法为有代价的让步"的解决方案。可知胡适是以通过与日本进行公开交涉谈判来换取和平为第一要事。这个方策,本书按照胡适的说法,称其为"有代价的让步"策。

胡适给王世杰的第二封信的日期是6月20日。在信中他写道:

我所以有公开解决悬案之说,正虑此次敌人必有如矶谷〔2〕所公然发表的"伪国承认"一类的要求,尤虑我方在枪尖下步步退让竟连这一类的要求也不明不白的让步了,而自己一无所得……我曾有长函与兄等,略述鄙见,认定此回的事全是无代价的退让,若如此下去,岂不要把察哈尔,河北,平津全然无代价的断送了?我以为,与其这样糊涂送礼,不如公开的交涉一切悬案,尚可以讨价还价,利用人之弱点,争回一点已失或将再糊涂失去的国土与权利。此时尚有可争的机会,若再待华北全去,则伪国承认的问题将不成问题,而变为华

---

〔1〕 胡适著,曹伯言整理:《胡适日记全编 6》,安徽教育出版社,2001年,第531—532页。
〔2〕 矶谷廉介(1886—1967),日本陆军军人。结业于陆军大学校第27期。自认为"中国通",曾任驻中国公使馆武官等,1936年3月23日任陆军省军务局长。

北伪国的承认问题了。（中略）

故我深思远虑，此时必须假定两个可能的局势，作我们一切国策的方针：

1. 在最近期间，日本独霸东亚，为所欲为，中国无能抵抗，世界无能制裁。这是毫无可疑的眼前局势。

2. 在一个不很远的将来，太平洋上必有一度最惨的大战，可以作我们翻身的机会，可以使我们的敌人的霸权消灭。这也是不很可疑的。

我们的政策，眼光可以望着将来，而手腕不能不顾到现在。我们必须先做意大利，而后做比利时。我们第一个做比利时的机会已完全过去了。此时虽欲先做比利时，势有所不能。现在敌人逼我做意大利，做三角同盟中的意大利，我们只能将计就计，努力利用这个做意大利的机会预备将来做比利时。[1] 此时若不能做意大利，则敌人必不许我做比利时。此是极重大的一个观点，千万请吾兄慎重考虑。如荷同意，或如蒙认为有一顾之价值，千万请设法使蒋先生知道此意。（后略）

适之 二十四，六，二十[2]

从这封信的第一段可知，胡适主张"公开解决悬案"。在信的后半部，他主张说：首先我们要成为三角同盟的意大利，将来，我们要像比利时一样作抗战的准备。

对6月17日和6月20日的这两封信，王世杰作了如下的回信：

适之兄：

两次手书均诵悉。兄所示论自皆出自苦心孤诣。然杰再四思

〔1〕 胡适口述，唐德刚注译：《胡适口述自传》，安徽教育出版社，1999年，第69页。
〔2〕 胡适著，曹伯言语整理：《胡适日记全编6》，安徽教育出版社，2001年，第504—506页。

考，默审实际情势，终觉未妥。（中略）

故在今日，如以承认伪国为某种条件之交换条件，某种条件既万不可得，日本亦决不因伪国承认而中止其侵略与威胁。而在他一方面，则我国政府，一经微示伪国之意思以后，对国联，对所谓华府九国，即立刻失其立场，国内之分裂，政府之崩溃，恐亦绝难幸免。（中略）至于第二函所言当做三角同盟中之意大利一节，则兄所比拟亦颇与事实不合。日人之倡同盟协定者，其内容即与日满协定同；军事、内政将无不受其控制。（中略）我焉得有做意大利之可能，焉得有"十年喘气"的可能！（中略）

故从种种方面考虑，弟意不外两点：一则交涉应公开；一则应切切实实的准备做比利时。（后略）

弟雪六月二十八日

上述王世杰的回信，胡适附在1935年6月29日的日记中。胡适因没有收到给王世杰的前两封信的回信，所以就在1935年6月27日给王世杰寄了第三封信[1]。此第三封信，胡适关于解决中日问题提出了另外一个方案。内容如下：

雪艇兄：

前上两函，都未蒙赐覆。今天写此函，是要从别一方面着想：——从反面设想——另画一个国策。

前函已说过，今日为国家画策，必须假定①在眼前日本的独霸东亚是无法能制裁的，②在不很远的将来也许有一个太平洋大战，我们也许可以翻身。

今画第二策，仍假定此二事。此策的主旨是如何可以促进那个"不很远的将来"的国际大战，如何可以"促其实现"？

---

[1]　胡适著，曹伯言整理：《胡适日记全编6》，安徽教育出版社，2001年，第509—512页。

今日我们决不能梦想坐待别国先发难。最容易发难者为俄国，但苏联是有组织的，有准备的，所以最能忍耐，最能弯弓不发。其余为英美，他们更不愿先发难，这是很明显的。此外只有两个可能：一是日本先发难，一是中国先发难。

日本早已发难了，因为我国不抵抗，故日本虽发难了四五次，而至今不曾引起国际大波澜。欲使日本的发难变成国际大劫，非有中国下绝大牺牲的决心不可。

我们试平心估计这个"绝大牺牲"的限度，总得先下决心作三年或四年的混战，苦战，失地，毁灭。

我们必须准备：①沿海口岸与长江下游的全部被侵占毁灭，那就是要敌人海军的大动员。②华北的奋斗，以至冀、鲁、察、绥、晋、豫的沦亡，被侵占毁坏，那就是要敌人陆军的大动员。③长江的被封锁，财政的总崩溃，天津上海的被侵占毁坏，那就是要敌人与欧美直接起利害上的冲突。凡此三大项，当然都不是不战而退让，都是必须苦战力竭而后准备牺牲，因为只有如此才能引起敌人的大动员与财政上的开始崩溃。

在这个混战的状态之下，只要我们能不顾一切的作战，只要我们在中央财政总崩溃之下还能苦战——我们可以在二三年之中希望得到几种结果：①使日本军队征发到多数人民感觉战祸的实在，②使日本军费加重到人民感觉财政的危机，③使满洲的日本军队西调或南调，使苏俄感觉到有机会可乘，④使世界人士对于中国表同情，⑤使英美感觉到威胁，使香港菲律宾感觉到迫切的威胁，使英美不能不调兵舰保护边远东的侨民与利益，使太平洋海战的机会更迫近。

只有这样可以促进太平洋国际战争的实现。也许等不到三四年，但我必须要准备三四年的苦战。我们必须咬定牙根，认定在这三年之中我们不能期望他国加入战争。我们只能期望在我们打的稀烂而敌人也打的疲于奔命的时候才可以有国际的参加与援助。这是破釜沉舟的故智，除此之外，别无他法可以促进那不易发动的世界二次大战。

我曾说过,日本武士自杀的方法是"切腹",但武士切腹时必须请他的最好朋友从背后斫其头,名曰"介错"。日本固然走上了全民族切腹的路,可惜中国还不配做他们的"介错"。上文所述的策略只是八个字:日本切腹,中国介错。

苏俄共产革命推翻政府之后,即脱离协约国,而与德国单独讲和,订立 Brest—Litovsk(布雷斯特—立托夫斯克)和约,割地之多,几乎等于欧俄的三分之二,几乎把大彼得以来所得地全割掉了。但苏俄终于免不掉三年多的苦战。在那四次白俄大乱之中,最吃紧之时,中央政府所能统辖的土地不过七省而已!人民之穷苦固不用说,中央政府有时拿不出一块金卢布。苏俄三年多的苦战最可以做我们今日的榜样。我们如要作战,必须下绝大决心。吃三年或四年的绝大苦痛。

当前的问题是:我们的领袖人物有此决心否?有此准备否?有此计画否?

公等为国家谋虑,不甘屈辱,固是可敬佩。但不甘屈辱必须有不屈辱的决心与筹画。公等如不甘仅仅做误国的"清流党",必须详细计画一个作三四年长期苦斗的国策,又必须使政府与军事领袖深信此长期苦斗为必不可避免的复兴条件。

以我观之,蒋先生只有"等我预备好了再打"的算盘,似乎还没有"不顾一切,破釜沉舟"的决心。我在廿二年热河失守后在保定见他,他就说:"我们现在不能打。"三年过去了,我看他似乎全没有对日本作苦战的计画。他的全副精神用在"剿匪"上,这是我们知道,又能原谅的。但日本不久必有进一步而不许他从容整军经武的要求。因为敌人不是傻子,他们必不许我们"准备好了打他们"。老实说,无论从海陆空的任何方面着想,我们决无能准备到可以打胜仗的日子。我们若要作战,必须决心放弃"预备好了再打"的根本错误心理。我们必须决心打三年的败仗,必须不惜牺牲最精最好的军队去打头阵,必须不惜牺牲一切工商业中心作战场,一切文化中心作鲁文大学。但必须步步战；必须虽步步败而仍步步战；必须虽处处败而处处战。此外别无作战之法。

今日最好笑的，是政府诸公甘心抛弃北方，而天天装饰南京，好像南京是没有危险似的！此种气象真使全国人都感觉难受。

总而言之，今日当前大问题只有两个：（一）我们如可以得着十年的喘气时间，我们应该不顾一切谋得这十年的喘气时间；（二）我们如认定，无论如何屈辱，总得不到这十年的喘气时间，则必须不顾一切苦痛与毁灭，准备作三四年的乱战，从那长期苦痛里谋得一个民族翻身的机会。

恐怕在今日要双管齐下，一面谋得二三年或一二年的喘气，使我们把国内的武装割据完全解决了；一面作有计画的布置，准备作那不可避免的长期苦斗。

此信不是取消前二函，只是补充前二函所不曾说出的部分。吾兄倘认为有一顾的价值，请平心考虑此三函，暂时摆脱一切事务，为国家做一个全盘的计算，然后为当局恳切进言，打破那"等我预备好了再打"〔1〕的迷梦！

胡适   廿四，六，廿七夜

在这封信里，胡适已经预想到了列强参与的世界大战或者太平洋战争将会爆发之事。并且这个前提是：中国要有单独的，要作"绝大牺牲"作战的觉悟。（以下称此策为"日本切腹，中国介错"策。）

在这封信中，胡适专门分析了国内和国际形势，并指出通过长期抗战，才能有促使英、美在太平洋上与日本开战的可能。从以上言词，很多人推测此时胡适开始变成了主张抗战。对于胡适的这封信，王世杰的回信如下：

_____

〔1〕 关于蒋介石的对日战争态度而言。

（前略）另一派人则认为除大妥协外无办法，近乃活动甚力。前途动向自仍视蒋先生决心如何？兄等观察较能冷静而深刻；假使兄第三函所言有实现可能，则政治组织、财政、外交、军事等等各当如何，盼酌示。（后略）

名"洋"（王雪艇）七月十一日

根据王世杰的回信内容，可知王世杰很明显不是妥协派，他对胡适的第二策"日本切腹，中国介错"很感兴趣。的确，胡适给他的第三封信，似乎在主张着抗战。王世杰认为胡适在主张抗战也不难想象。可是，他错解了胡适的本意。胡适的本意到底在"有代价的让步"策上呢，还是在"日本切腹，中国介错"策上呢？以下试图通过他给罗隆基的信件来进一步解读。

1935 年 7 月 26 日，胡适给罗隆基写了信[1]，信中说明了他真正想要跟王世杰说的意思。具体内容如下：

（前略）我的第一方案是公开的交涉，目的在于谋得一个喘气的时间。

我的第二方案（第三函）是从反面着想，另定苦战四年的计划。委曲求全，意在求全，忍辱求和，意在求和。倘辱而不能得全，不能得十年的和平，则终不免于一战。如列宁对德讲和，割地了，又赔款了，终于免不了三年多的苦战。此是眼前史实，不可不记得。况且我们必须有作长期苦战的决心，方能希望得着有代价的交涉。必须使人感觉我的让步是有限度的，有计划的，然后人家肯出代价。若一切无条件的让与，则人家当然不愿出代价，也不用出代价了。故第二方案是终不免的一个步骤。

雪艇诸人只赞成我的第三函；但第三函之方案不是孤立的，只是

---

〔1〕　胡适著，曹伯言整理：《胡适日记全编 6》，安徽教育出版社，2001 年，第 532—534 页。

第一方案的反面,在最近时期中,第二方案只是第一方案的后盾。如苏俄在这三四年中,天天用外交作掩护,实行其备战的工作。此是最可借鉴的政治手腕,我们不可不深思。

雪艇诸人赞成我的"公开交涉",而抹去我的"解决一切悬案"的一句,他们尤不愿谈及伪国的承认问题。他们不曾把我的原电及原函转呈蒋先生,其实这是他们的过虑。他们不愿我为主张妥协者张目,其实我的第一方案亦不是妥协论,乃是有代价的公开交涉,与妥协论者根本上大异也。

此函补说未留稿的第一函大意,也请你带给蒋先生一看。

(后略)

适之 廿四,七,廿六

在这封信里,很清楚地说明胡适在主张着"有代价的交涉"("有代价的让步"策),另一方面,也主张着必须要有抗战的觉悟。但是胡适没有主张马上抗战,目前还是要公开交涉,以谋得一个喘气的时间为第一,如果得不到这一个喘气的时间的话,以这个假定为前提,从反面设想了主张必须要做抗战的准备。他在结束了与王世杰往来的这三封信以后,还依然在主和。例如,胡适在1935年7月26日给罗隆基的信中特别强调:"雪艇诸人只赞成我的第三函;但第三函之方案不是孤立的,只是第一方案的反面,在最近时期中,第二方案只是第一方案的后盾。"这就是他还在主和的证据。又比如像他在信中所说的一样:"雪艇诸人赞成我的'公开交涉',而抹去我的'解决一切悬案'的一句。"因为胡适觉得他们(雪艇诸人)错解了自己的本意(即第一封信和第二封信才是最重要的,尽可能以议和为优先的这样的本意),所以在给罗隆基的信中还特别强调着这一点。

三、与苏联大使的会谈

胡适在1935年7月12日的日记中,的确写了他也赞同苏俄大使鲍格莫洛夫的意见。余英时说胡适"已深切认识到中日之间的'和平终不可得'"了。不过,笔者在此要提一个略为不同的看法。首先看一下他当天的日记如下:

> 到苏俄大使馆,会见大使鲍格莫洛夫(Богомолов Дмитрий Васильевич),同饭畅谈。他说:"我为中国人设想:如和平可得,如可得 10 年或 20 年的喘气时间,当然应该与日本妥协。即割了平津也不妨。但和平终不可得耳。"我也承认他的话不错。

如果仔细来分析此则日记的话,引言的部分,可以推测是鲍格莫洛夫大使叙述的部分。胡适在这个日记的最后,只写了一句"我也承认他的话不错",以此亮出自己的观点。可以推测胡适对鲍格莫洛夫大使的全部言词表示同意,所以胡适说的"我也承认他的话不错",绝不是只对"但和平终不可得耳"这一点表示同意。可以说,胡适同意鲍格莫洛夫大使的言词中也包括了"应该与日本妥协"这一点。因为胡适并没有扔掉议和主张而转变为抗战。为什么呢? 因为鲍格莫洛夫大使说"我为中国人设想:如和平可得,如可得十年或二十年的喘气时间,当然应该与日本妥协。即割了平津也不妨。但和平终不可得耳",此话意思是:如可得十年或二十年的喘气时间的话,那么让步也可以考虑的。这样的想法,正好与胡适的"有代价的让步"策非常相近,也与他的议和主张基本路线一致。因为俄罗斯大使表示了与自己同样的见解,所以胡适也承认他的话不错。

在 1935 年 7 月末的时候,胡适依然还在主张议和,这个看法应该是没有错的。有关这一点试着从其他的资料来分析一下。

四、主和之日记

胡适坚持议和意见,从 1935 年 12 月 11 日的日记中也可证实。这一天的日记如下:

中午博生请吃饭，听陈公侠（仪）与李择一谈，似乎现在蒋介石做了行政院长，决心要与日本政府作最后一次（？）的亲善交涉的尝试。陈仪大概要去日本一行，也许是大使？

公侠是一个好人，他认定中国不能与日本作战，故决心要讲和。他的精神也可佩服。

由这则日记可知，胡适对有与日本讲和决心的陈仪的精神感到佩服。由此可见，此时胡适依然还是以和平为主的思想。

1937年7月7日，卢沟桥事变发生，在如此状态下，胡适等议和派还觉得应该避开对日本作战，还打算着与日本交涉。胡适1937年8月6日的日记如下：

回寓见蒋先生约谈话的通知，先作一长函，预备补充谈话之不足。

主旨为大战〔1〕之前要作一次最大的和平努力。理由有三：

①近卫内阁可以与谈，机会不可失。

②日本财政有基本困难，有和平希望。

③国家今日之雏形，实建筑在新式中央军力之上，不可轻易毁坏。将来国家解体，更无和平希望。

和平外交的目标：

①趁此实力可以一战之时，用外交收复新失之土地，保存未失之土地。

②彻底调整中日关系，谋五十年之和平。

步骤应分两步：

第一步为停战：恢复七月七日以前之疆土状况。

第二步为"调整中日关系正式交涉"——在两三个月之后举行。

---

〔1〕 指1937年8月13日的第二次"上海事变"。

由以上日记可以看出，胡适在 1937 年 8 月 6 日还在考虑与日本和平交涉。这个见解，其实也代表了当时主和派的基本主张。[1] 由此可以认为，胡适开始考虑主战的时期，至少在 1937 年 8 月 6 日以后。

五、主战之日记

蒋介石在 1937 年 8 月 7 日的国防会议上决定全面抗战。从此以后，胡适的主张也由和平交涉转变成了抗战。在 1937 年 9 月 8 日的日记中，胡适明确地陈述了抗战的观点。当天的日记转录如下：

> 十二点到高宗武家，只我们二人同饭，久谈。我也劝他不要太性急，不要太悲观。我说，我们八月初做的"在大战前作一度最大的和平努力"工作，是不错的。但我们要承认，这一个月的打仗，证明了我们当日未免过虑。这一个月的作战至少对外表示我们能打，对内表示我们肯打，这就是大收获。谋国不能不小心，但冒险也有其用处。

在此则日记中，胡适强调自己 8 月初做的"在大战前作一度最大的和平努力"没有错，由此话也可明白他在 8 月初还在主张议和。而且，他看到了第二次"上海事变"中的中国军队的奋勇作战的情景，于是，胡适承认自己以为中国还没有力量与日本抗战的想法是过虑的了。由此可以认为，此时，胡适已经由主和转变成了主战。

小　结

纵观以上的日记，可以认为，对胡适来说，要从议和转向抗战的主张变更，需要相应的准备。笔者认为胡适得到的这个确信是：经过了在 1937

---

[1] 佐藤一树：《日中开战后における胡适の和平工作活动に关する考察》,《中国研究月报》,东京中国研究所,2004 年 1 月,第 21 页。

年8月13日的第二次"上海事变"。

当然，当时的国民党军队的装备也提高了，而且当时，也是日本的近卫内阁已明确表明了撤回抗日战争不扩大方针，表明正式侵略中国的时期，所以也有使胡适不得不站在主战立场的外在的时代背景。

也有研究者以胡适在1935年6月27日提出要作"绝大牺牲"的觉悟抗战策略的信件为根据，认为胡适在1935年6月27日当时就已主张抗战。不过，在这封信的开头他写道："前上两函，都未蒙赐覆。今天写此函，是要从别一方面着想：——从反面设想——另画一个国策。"由此也可知道，胡适给王世杰写了两封信（主张议和内容），但都没有收到王的回信，胡适以为自己的主和内容被否定了，所以他认为有必要考虑另外的方案，不是议和的方案，即如何促使世界大战发生的从反面设想的方案。这个设想，不管从在信件中所占的比例的角度来看，还是从其设想的具体内容来看，都令人以为胡适真的已经在主张抗战了。但是，他在信件的结束部分说："总而言之，今日当前大问题只有两个：（一）我们如可以得着十年的喘气时间，我们应该不顾一切谋得这十年的喘气时间；（二）我们如认定，无论如何屈辱，总得不到这十年的喘气时间，则必须不顾一切苦痛与毁灭，准备作三四年的乱战，从那长期苦痛里谋得一个民族翻身的机会。"由此可以看出，胡适所提出的抗战设想完全是他站在"得不到这十年的喘气时间"的假设上的。当然，他的根本旨意应是"我们应该不顾一切谋得这十年的喘气时间"。由此可知，胡适在这个时候依然在主张着议和。

这1935年6月27日的信之要旨，与其说在主张抗战，还不如说在于他指出了主战派还没有抗战"决心"（觉悟）。胡适经过仔细的考虑，明确地认为"若要作战"，必须有"混战，苦战，失地，毁灭"的"决心"（觉悟），批评以蒋介石为核心的没有觉悟的首脑机关还抱着"'等我预备好了再打'的根本错误心理"根本就是不对的。其实，最重要的是，通过写这封信，使胡适自己也更明确了"决心"（觉悟）的重要性。即，他在1935年7月26日给罗隆基的信中说"根本错误心理"一样，要使"和"成功也需要有"战"的决心，可以说胡适此时已经确立了"和主战从"的想法。而同时，如果光从"战"的决心来看,确实正如余英时所说的,"至晚从 1935 年 7 月始,他已逐渐修正他的看法了"。可以说,胡适在这个时期,一边主张议和,一边也开始有了对"战"的决心。但是,正像给罗隆基的信中所强调的"在最近时期中,第二方案(要准备三四年的苦战)只是第一方案(公开交涉,争取喘气的时间)的后盾"一样,可知胡适在 1935 年 7 月中,依然在主张议和没有变。

简单地归纳一下抗日战争时期胡适的主张变化如下:从 1931 年 9 月 18 日日军挑起"柳条湖事件"开始,到 1937 年 8 月 6 日,由于中国的军事力量不如日本,胡适的基本路线是主张议和。[1] 但是,中间 1935 年 6—7 月萌发了抗战的决心。至 1937 年 8 月 13 日,看到上海"八一三"(即第二次"上海事变")的抗战中的中国军队勇敢抵抗日军的情景,毅然扔掉了议和,主张抗战,进而变为彻底地全面地支持对日抗战。

---

〔1〕 胡适口述,唐德刚注释:《胡适口述自传》,安徽教育出版社,1999 年,第 83 页。

第二章
胡适的《墨子·非攻》研究与其战争观

　　1957 年,胡适在抗日战争及中国内战都结束之后,还滞留在美国。当时,胡适的母校哥伦比亚大学的东亚研究所附属中国口述历史学部采访中国的名人,做口述自传。当时就任于哥伦比亚大学图书馆的安徽籍同乡唐德刚,对晚年的胡适进行了 16 次正式录音采访。他以胡适自己的口述内容为基础,编辑了《胡适口述自传》。在《自传》中,胡适对《墨子·非攻》篇给自己的思想带来的影响作了如下的陈述:

　　　　其后好多年,我都是个极端的和平主义者。原来在我十几岁的时候,我就已经深受老子和墨子的影响。这两位中国古代哲学家,对我的影响实在很大。墨子主"非攻",他底"非攻"的理论实是名著,尤其是三篇里的《非攻上》实在是最合乎逻辑的反战名著,反对那些人类理智上最矛盾,最无理性,最违反逻辑的好战的人性。

　　所谓"其后",指的是胡适留学美国(第一次世界大战)以后的时期。[1] 由以上内容可知,胡适说自己"好多年,我都是个极端的和平主义者",从十几岁的时候开始就深受老子、墨子思想的影响,特别对《非攻》上

---

〔1〕 胡适口述,唐德刚注译:《胡适口述自传》,安徽教育出版社,1999 年,第 67 页。

篇的评价最高。《墨子·非攻》分成上、中、下三篇,那么为何胡适只称赞
《非攻》上篇是"最合乎逻辑的反战名著,反对那些人类理智上最矛盾,最
无理性,最违反逻辑的好战的人性"的呢? 本书试图阐明胡适的和平主义,
他对抗日战争的想法与《墨子·非攻》篇有着怎样的关系。

一、《墨子·非攻》的战争论

首先,确认一下《墨子·非攻》的内容。《墨子》的版本很多,如胡适在
《先秦名学史》中指出的"孙诒让先生的 1907 年版的著作中,收集了所有
前人以及自己的注解,至今仍是最好的版本"〔1〕,胡适评价并使用了孙诒
让的《墨子闲诂》。因此,本文在引用《墨子》原文的同时,也使用胡适评价
并使用过的孙诒让的《墨子闲诂》来进行分析。本文为了分析上的方便,
适当地对《墨子》原文给予分段,并在句首附上英文字母进行说明。《墨
子·非攻》上、中、下篇的文章,具体如下,其中关于中、下篇,本文只选择
相关部分进行叙述。

《非攻》上篇

(A)今有一人,入人园圃,窃其桃李。众闻则非之,上为政者则
罚之。此何也? 以亏人自利也。

(B)至攘人犬豕鸡豚者,其不义又甚入人园圃窃桃李。是何已故
也? 以亏人愈多。其不仁兹甚,罪益厚。

(C)至入人的栏厩,取人马牛者,其不仁义又甚攘人犬豕鸡豚。
此何故也? 以其亏人愈多。苟亏人愈多,其不仁兹甚,罪益厚。

(D)至杀不辜人也,扦其衣裘,取戈剑者,其不义又甚入人的栏厩
取人马牛。此何故也? 以其亏人愈多。苟亏人愈多,其不仁兹甚矣,
罪益厚。

---

〔1〕　姜义华主编:《胡适学术文集·中国哲学史》(上、下),中华书局,1991 年,第 817 页。

(E)当此，天下之君子皆知而非之，谓之不义。

(F)今至大为攻国，则弗知非，从而誉之，谓之义。此可谓知义与不义之别乎？

(G)杀一人谓之不义，必有一死罪矣。若以此说往，杀十人十重不义，必有十死罪矣；杀百人百重不义，必有百死罪矣。当此，天下之君子皆知而非之，谓之不义。

(H)今至大为攻国，则弗知非，从而誉之，谓之义。情不知其不义也。故书其言以遗后世。今若知其不义也，夫奚说书其不义以遗后世哉？

(I)今有人于此。少见黑曰黑，多见黑曰白，则以此人不知白黑之辩矣；少尝苦曰苦，多尝苦曰甘，则必以此人为不知甘苦之辩矣。

(J)今小为非，则知而非之。大为非攻国，则不知非，从而誉之，谓之义。此可谓知义与不义之辩乎？

(K)是以知天下之君子也，辩义与不义之乱也。

《非攻》中篇

(L)……杀人多必数于万，寡必数于千，然后三里之城、七里之郭，且可得也……

《非攻》下篇

(M)……将为其上中天之利，而中中鬼之利，而下中人之利，故誉之。

(N)是故古之知者之为天下度也，必顺虑其义，而后为之行，是以动则不疑，速通成得其所欲，而顺天鬼百姓之利，则知者之道也。

(O)昔者禹征有苗，汤伐桀，武王伐纣……彼非所谓攻，谓诛也。

(P)昔者三苗大乱。天命殛之……则此禹之所以征有苗也。

(Q)……天乃命汤于镳宫，用受夏之大命，夏德大乱，予既卒其命于天矣，往而诛之。必使汝堪之……则此汤之所以诛桀也。

（R）……赤鸟衔珪，到周之岐社，曰："天命周文王伐殷有国。"……此即武王之所以诛纣也。

（S）若以此三圣王观之，则非所谓攻也，所谓诛也。

（T）是故子墨子曰："今且天下之王公大人士君子，中情将欲求与天下之利，除天下危害，当若繁为攻伐，此实天下之巨害也。"

（U）今欲为仁义，求为上士，尚欲中圣王之道，下欲中国家百姓之利，故当若非攻之为说，而将不可不察者此也。

以下，按其构成顺序，依次看一下上、中、下各篇的主张内容。

《非攻》上篇从（A）"窃其桃李"至（D）"杀不辜人也，扦其衣裘，取戈剑者"以及从（G）"杀一人"至"杀百人"，随其罪的由轻至重，天下的君子还能判断大小、是非。可是，一旦事大至"攻国"，（H）"则弗知非，从而誉之，谓之义"，反倒变得不能判断是非了。（I）"少见黑曰黑，多见黑曰白，则以此人不知白黑之辩矣"，就是说，本来可以正确判断事物的，但一旦程度变得过大，却不但不能正确判断，而且还做了反向的判断。大如"攻国"，天下的君子不但不能正确地判断"义"与"不义"，而且还判断反了"义"与"不义"。根据上篇的推理，本来从（A）"窃其桃李"至（D）"杀不辜人也，扦其衣裘，取戈剑者"以及从（G）"杀一人"至"杀百人"，按照随不义程度的增加罪行也随其加深这样的逻辑，应该可以简单地推理出"攻国"是最大的"不义"，但在上篇中，实际上随着规模大到"攻国"，反倒成了如"则弗知非，从而誉之，谓之义"一样，却成为"义"了。在上篇的逻辑中，可以说"攻国"就是与"杀千人"或是"杀万人"相关联的行为，天下的君子应该判断其是最大的"不义"的。

接下去，试着比较《非攻》上篇、中篇及下篇的主要内容。

关于"杀人"，在《非攻》上篇，像在（G）中所说的一样，"杀一人→不义→一死罪"，"杀十人→十重不义→十死罪"，"杀百人→百重不义→百死罪"，通过随着杀人人数的增加，不义和罪也随之加重。这样朴素的类推，简单地说明着"杀人"是"不义"的道理。

在《非攻》中篇，就没有指出"杀人"是"不义"的这个道理，关于"杀人"，如（L）所说一样，仅仅为了得到"三里之城、七里之郭"，却要付出"杀人多必数于万，寡必数于千"的大牺牲。

在《非攻》下篇，还是没有指出"杀人"是"不义"的这个道理，关于"杀人"，如（M）所说"为其上中天之利，而中中鬼之利，而下中人之利，故誉之"，又如（N）所说"是故古之知者之为天下度也，必顺虑其义，而后为之行，是以动则不疑，速通成得其所欲，而顺天鬼百姓之利，则知者之道也"，如此，叙述了顺应天、鬼神、人民的利益的是知者之道。跟中篇一样，再次强调的不是"义"，而是"利"。《非攻》下篇还指出（O）"昔者禹征有苗，汤伐桀，武王伐纣"是"彼非所谓攻，谓诛也"，提出了这个战不是"攻"，而是"诛"的看法，即如果有"天命"的话，就算"战"也是可以的战争容许论。[1] 可是，正如渡边卓所指出的一样，为了承认"圣王"的"诛"，显著地援用了尚天右鬼色彩浓密的禹、汤、文、武的古谭。就因为这样，酿造成了使本来否定侵略战的固有主张，被大肆宣扬"义"和"利"的侵略者反利用的危机。[2]

总之，在上篇，以"杀人"是"不义"的为主要根据，否定侵略战的固有的根本主张。在中篇，为了得到"三里之城、七里之郭"，"杀人"的人数成千上万，"指出侵略战的消耗性质，强调对国家人民的不利"[3]。在下篇，指出如有"天命"，中天、鬼、人三者之利的话，如果成为（U）"国家百姓之利"的话，那么为了除去（T）"天下之巨害"，在"诛"的名目下来"杀人"（战争）也可。即，在上篇，以"杀人"是"义"还是"不义"为问题中心；在中篇，是否与"杀人"的人数相应称来判断"利"还是"不利"为问题中心；而在下篇，以当该战争是"攻"还是"诛"为问题中心进行了论述。

---

〔1〕 对于禹，称（P）"昔者三苗大乱。天命殛之……则此禹之所以征有苗也"；对于汤，称（Q）"……天乃命汤于镳宫，用受夏之大命，夏德大乱，予既卒其命于天矣，往而诛之。必使汝堪之……则此汤之所以诛桀也"；对于武王，称（R）"……赤鸟衔珪，到周之岐社，曰：'天命周文王伐殷有国。'……此即武王之所以诛纣也"。
〔2〕 渡边卓：《古代中国思想の研究》，日本创文社，1973年，第482页。
〔3〕 渡边卓：《古代中国思想の研究》，日本创文社，1973年，第481页。

二、关于《墨子·非攻》的"义"与"利"

重新回顾一下《非攻》上、中、下篇,正如本田济所指出的那样:"上篇毫不触及战争的得失等,是纯理论的一篇;中篇的主要观点是,与因战争而损失的资财和人命相比,所能得的结果也就只有猫额般大的土地,难道这不是损失吗?"[1]在下篇,虽然在强调战争的不利,但如果是为了除去巨害,那就不是"攻",而是"诛",也就是所谓"战争容许论"。

关于墨子研究,对于"非攻"理论的根据究竟是在"义"上还是在"利"上以及"义"和"利"究竟是怎样的关系,一直是一个课题。关于"利即义,义即天下之利"的主张,如果仅限于《非攻》上篇来看,还不能明确确认,至中、下篇,"义即利"的主张才出现。

可是,在《非攻》上篇,已经出现了"自利"这个语词。渡边氏指出:"在《非攻》上篇里,有与兼爱上篇的惯用语'亏父(又兄、君、子、弟、臣)而自利'大体相同表现的'亏人自利'的词句,由'亏人自利'来出示对'窃盗'进行指责或处罚的理由。在此所见的'利'的观念明显就是'自利',所以是'不义'的、'不仁'的。"关于在《非攻》上、中、下篇中"利"和"义"的关系,李承律指出:"……尽管在《非攻》上篇没有否定自利本身,利作为全体被爱所包摄,就没有露到表面上来。而且这个时候的'利',就不是超越自利范围的'利'。因此,在这个阶段,还没有对'利'付予道德价值与根据。"[2]同时,关于《非攻》中篇:"在这个阶段,就对'利'加上了道德性的根据以及墨家性的社会'利'思想也就被定位了,而且,在《非攻》中篇,尽管还看不出天下之'利',即社会性的'利'思想,但支持《非攻》论的核心概念还就是'利',以君主为劝导对象。在《非攻》下篇,劝导对象也依旧是如'王公大

---

〔1〕　本田济:《墨子》,日本讲谈社,1978 年,第 199 页。此处引文为笔者所译。

〔2〕　李承律:《郭店楚简儒教的研究—儒系三篇中心にして—》,日本汲古书院,2007 年,日本汲古书院,2007 年,第 267 页。

人’、‘好攻伐之君’一样，是君主。下篇把‘利’分成三个部分，就是所谓的‘三利’（天、鬼、人的三利）思想。就是把三利作为义，即作为社会性正义的准则，而且把它作为全部行动的准则的想法。”[1]

另一方面，现代的学者大凡都如吉永慎二郎所说的一样：“总之《非攻》上篇的墨家以‘亏人自利’为不义，以‘亏人’为‘不仁’……可见墨家以‘义’由‘仁’和‘利’所构成的概念来展开其思想的一端。”如此，大凡都认为在《非攻》上篇，“义”中就已经包含着“利”了。吉永氏指出：在中篇，“相对于《非攻》上篇的墨家是原理性地说明了义与不义之辩，《非攻》中篇的墨家是就解决国家经营，更进者为解决国家存亡这个实际课题的这个‘义’来展开思想的……在中篇提示的议论是：墨家立足于国家·天下这个现实时，比起仁来，更在利的问题上相对增加了比重……可以看出从上篇的相对性地在‘仁’上置于比重的道德主义的‘非攻国’论，到（中篇的）相对性地在‘利’上置于比重的功利主义的‘非攻战’论的展开。而且在功利主义的‘非攻战’论的展开中，也可以看出从‘民之利’到‘国家之利’，从‘小国之利’到‘大国之利’的重心转移”，吉永氏强调了中篇的“利”。对于下篇，他指出：“（下篇）继承了中篇的理论成果，批判了‘师’给国家经营带来不利和不合理……对抗‘大国的不义’来拥护小国，由重视内政来代替‘攻伐’，使国力充实，如果通过义来立名，通过德来获得诸侯的支持的话，将会变的‘天下无敌’。更把‘天下之利’的立场，作为天、鬼、人之利来定义，由此立场出发，以对天、鬼、人不利的攻伐为‘天下之害’，为非……知者是要好好思考能成为天下规范的是何物，何为‘义’的名和实来行动的存在，禹、汤、武王的征伐是‘诛’，不是‘攻’。”[2]

---

〔1〕 李承律：《郭店楚简儒教の研究—儒系三篇を中心にして—》，日本汲古书院，2007年，第267—282页。

〔2〕 吉永慎二郎：《非攻とは何か——〈墨子·非攻〉三篇の论理と思想》，《大久保隆郎教授退官纪念论集 汉意とは何か》，大久保隆郎教授退官纪念论集刊行会，东方书店，2001年，第103—132页。

三、《墨子·非攻》的胡适之理解

胡适在《先秦名学史》中,关于《非攻》上篇作了如下所述:

> "知小而不知大"这一习惯成了墨翟著作中最熟悉的论题之一。他至少在六个[1]不同场合说到了它,而每一次都有充分而有说服力的例证。但是,没有其他段落比他在当时以及目前流行的对待战争的三部曲的第一曲中更雄辩有力地说明这一点。下面,我引用这一节的全文作为讨论他的应用主义方法的一个恰当的结论。[2]

同时,胡适在《中国哲学史大纲》(卷上)中,关于《非攻》上篇又作如是说:

> 所以墨子说单知道几个好听的名词,或几句虚空的界说,算不得真"知识"。真"知识"在于能把这些观念来应用。这就是墨子哲学的根本方法。[3]

并且,对《非攻》上篇作了很高的评价:

---

[1]《墨子》的《尚贤》中、《尚贤》下、《非攻》上、《天志》上、《天志》下、《鲁问》六篇:①《非攻》上篇:"今小为非,则知而非之。大为非攻国,则不知非,从而誉之,谓之义。"②《鲁问》篇:子墨子为鲁阳文君曰:世俗之君子,皆知小物而不知大物……是故世俗之君子,知小物而不知大物者,此若言之谓也。③《天志》上篇:子墨子言曰:今天下之士君子,知小而不知大……此我所知天下士君知小而不知大也。④《天志》下篇:子墨子言曰:天下之所以乱者,其说将何哉。则是天下士君子,皆明于小而不明于大……吾以此知大物则不知者也。⑤《尚贤》中篇:故虽昔者三代暴王桀纣幽厉之所以失措其国家,倾覆其社稷者,已此故也,何则。皆以明小物而不明大物也。⑥《尚贤》下篇:今天下之士君子,居处言语皆尚贤,逮至其临众发政而治民,莫知尚贤而使能,我以此知天下之士君子,明于小而不明于大也。

[2] 姜义华主编:《胡适学术文集·中国哲学史》,中华书局,1991年,第829页。

[3] 姜义华主编:《胡适学术文集·中国哲学史》,中华书局,1991年,第111页。

墨子的根本方法,应用之处甚多,说的最畅快,莫如《非攻》上篇,我且把这一篇妙文,抄来做我的"墨子哲学方法论"的结论罢。[1]

如上所示,胡适在《先秦名学史》中也好,在《中国哲学史大纲》(卷上)中也好,作为"应用主义方法的一个典型的结论"与"墨子哲学方法论"的结论,他引用了《非攻》上篇的全文记述于这些书中。众所周知,胡适是一个应用主义者,尤其有重视方法论的倾向。由上可见,胡适的想法是:墨子的哲学方法论,指出了所谓"知识",不仅仅是说明事物,还必须进行实践。不仅仅说明了是什么,还出示了怎样做才能实践的方法。并且胡适认为最典型、最恰当地使用了这个哲学方法论的文章就是《非攻》上篇。

胡适在《中国哲学史大纲》(卷上)中,对《非攻》上、中、下篇作了如下的记述:

攻国是"不义的"……攻国有害于天鬼国家百姓的,所以《非攻》上只说得攻国得"不义",《非攻》中、下只说得攻国得"不利"。因为不利,所以不义。[2]

胡适对《非攻》上、中、下篇全体内容,归结出:由于攻国是"不利"的,所以是"不义"的。在这个过程中,很明显区分了《非攻》上篇与中、下篇的不同。简洁说来,上篇只说"不义"而不言"不利",中、下篇只说"不利",而不言"不义"。

同时,关于《墨子》的"利",胡适作了如下的叙述:

计其所自胜、无所可用也。计其所得、反不如所丧者之多。又说:虽四五国则得利焉、犹谓之非行道也。譬若医之药人之有病者然。今有医于此、和合其祝药之于天下之有病者而药之、万人食此、

---

[1] 姜义华主编:《胡适学术文集·中国哲学史》,中华书局,1991年,第111—112页。
[2] 姜义华主编:《胡适学术文集·中国哲学史》,中华书局,1991年,第118页。

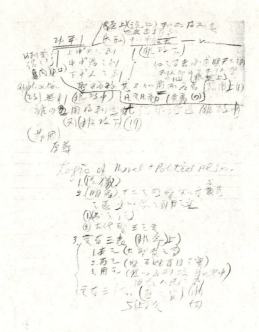

胡适论《墨子·非攻》篇"功利"的手稿

若医四五人得利焉、犹谓之非行药也。(《非攻》中、下)〔1〕

　　可见墨子说的"利"不是自私自利的"利",是"最大多数的最大幸福"。这是"兼爱"的真义,也便是"非攻"的本意。〔2〕

　　胡适认为:这里的"利"可以说是"最大多数的最大幸福",不是《非攻》上篇所说的"义",更接近于功利主义。

　　关于"义"和"利",作为《非攻》的全体性的逻辑,胡适认为:因为"不利"所以"不义",但是,如果只看《非攻》上篇时,"不义"与"不利"是不同的。关于《墨子》的"义"与"利",胡适在《别墨》〔3〕中意见如下:

----

〔1〕〔2〕　姜义华主编:《胡适学术文集·中国哲学史》,中华书局,1991年,第118页。
　〔3〕　所谓"别墨",根据胡适的话,"科学的墨家"或是"科学的墨学",即由于墨家的后人,于"宗教的墨学"之外,另分出一派"科学的墨学"。这一派科学的墨家所研究讨论的,有"坚白同异"、"觭偶不仵"等问题。这一派的墨学与宗教的墨学自然"倍谲不同了",于是他们自己相称为"别墨"。参见姜义华主编:《胡适学术文集·中国哲学史》,中华书局,1991年,第128页。

墨子已有"义即是利"的意思,但是他却没有明白细说。到了《别墨》,才有完满的"乐利主义"。

《经上》说:

义,利也。利,所得而喜也。害,所得而恶也。

这比说"义即是利"又进一层,直指利害的来源,在于人情的喜恶……

《大取篇》有一条公式道:

利之中取大、害之中取小……

细看这个公式的解说,便知"别墨"的乐利主义并不是自私自利,乃是一种为天下的乐利主义。所以说:"断指与断腕,利于天下相若,无择也。"可以见"利之中取大,害之中取小",原只是把天下"最大多数的最大幸福"作一个前提。[1]

在此,可知胡适认为《别墨》的主张与英国思想家 Jeremy Bentham 的主张是相同的。再次确认胡适的见解,可归纳为:《非攻》上篇只说"不义"而不言"不利",中、下篇只说"不利"而不言"不义"。而且,所谓中、下篇的"利",指的是"最大多数的最大幸福"。

同时,如上所述,在墨子著作中最熟悉的论题之一的"知小而不知大",只在《非攻》上篇里有,而在中、下篇里就找不出这个逻辑。对胡适来说,或许正是这个差异才是最重要的。胡适指出,"没有比上篇更雄辩有力地说明这一点"了。胡适强调了这个"知小而不知大"的逻辑,很可能他当时就已经觉察到现代经济学中所说的"综合的错误"(合成的错误)[2]这一人类社会的矛盾了。在加藤彻《汉文力》一书的《"综合の误谬"という罠》一章里,有这样的记述:"在电影《杀人狂时代》(1947)中扮演了杀人

---

〔1〕 姜义华主编:《胡适学术文集·中国哲学史》,中华书局,1991 年,第 137—138 页。
〔2〕 《广辞苑》(第六版,岩波书店,第 942 页)中说:"从个人或个别企业的层次来说,是妥当,但从社会全体大的层次来说,是不妥当的。《墨子》所谓的"知小而不知大",就相当于现代所谓的"综合的错误"吧。

鬼的卓别林，留下了‘战争也好斗争也好，都是做买卖。如杀一人是恶党，要是杀数百万人就是英雄。数字使杀人变成神圣’（Wars, conflict, it's all business. One murder makes a villain, millions a hero. Numbers sanctify, my good fellow.）这个名句，给称第二次世界大战为‘好战争’的自画自赞的战胜国泼了冷水。与此相同，墨子也指出了同样的事。"[1]可见，《墨子·非攻》上篇的"知小而不知大"，与所谓的"综合的错误"正是同样的道理。

四、胡适战争论与《墨子·非攻》中、下篇之关系

对于从十几岁的时候就开始亲近《墨子》，分析其"非攻"论的胡适来说，可以说《墨子·非攻》上篇一直是他作为极端和平主义者的思想根源。抗日战争时期的日本对中国的侵略，固然相当于《非攻》上篇的"大为不义攻国"了。因为战争是"最矛盾，最无理性，最违反逻辑的好战的人性"的行为，所以应该避开战争。而对于抗日战争初期的胡适来说，可以认为实际上能应用这个情况的只有《非攻》上篇的哲学方法。

1914 年，胡适留学美国的时候，第一次世界大战爆发了。日本作为英国的同盟国，攻击了敌国德国的殖民地青岛。而且，在 1915 年 1 月，日本向中国提出了不平等的"二十一条"要求。在美国的中国留学生提出了"对日本立刻开战"的口号，但胡适给这些中国留学生们写了一封公开信劝告说：

> 在目前的条件下，对日作战，简直是发疯。我们拿什么去作战呢……我们至多只有十二万部队可以称为"训练有素"，但是装备则甚为窳劣。我们压根儿没有海军……我们在战争中将毫无所获，剩下的只是一连串的毁灭，毁灭和再毁灭。[2]

---

〔1〕　加藤彻：《汉文力》，中央公论新社，2007 年，第 265 页。
〔2〕　《胡适文集 1》，北京大学出版社，1998 年，第 234 页。

另外,胡适还在 1935 年 6 月 17 日、6 月 20 日和 6 月 27 日,仅仅 10 天之间,给朋友王世杰写了三封信。又在同年 7 月 26 日,以同样的意见,给朋友罗隆基也写了信。6 月 17 日给王世杰与 7 月 26 日给罗隆基的信中,他说道:

> 我举一例为伪国的承认:我提出的代价有三:一为热河归还,长城归我防守;二为华北停战协定完全取消;三为日本自动的放弃辛丑和约及附带换文中种种条件,如平、津、沽、榆一带的驻兵,及铁路线上我国驻兵的限制等等。
>
> ……我的第一方案是公开的交涉,目的在于谋得一个喘气的时间。(后略)[1]

这是胡适关于中日问题,主张进行"公开交涉",争取"谋得一个喘气的时间"的解决方针。作为胡适的想法是:通过进行与日本公开交涉来争取得到一个喘气的时间为第一,打算由此来避开战争。[2]

并且,在给罗隆基的信中,补充并订正了 6 月 17 日给朋友王世杰的信的内容:

> 我的第一方案是公开的交涉,目的在于谋得一个喘气的时间。
>
> 我的第二方案(给王雪艇的第三函)是从(相对于第一方案)反面着想,另定苦战四年的计划。
>
> (中略)但第三函之方案不是孤立的,只是第一方案的反面,在最近时期中,第二方案只是第一方案的后盾。[3]

---

[1]　此处是两封信大体上相同的部分。在给罗努生的信中,胡适把 1935 年 6 月 20 日和 1935 年 6 月 27 日给王雪艇的信的复写也附在信内。曹伯言整理:《胡适日记全编 6》,安徽教育出版社,2001 年,第 531—532 页。

[2]　拙论《〈日记〉から見た日中戦争期における胡适の主張—主和から主戦へ—》,《中国哲学》第 35 号,2007 年,第 52 页。

[3]　曹伯言整理:《胡适日记全编 6》,安徽教育出版社,2001 年,第 532—534 页。

胡适在 6 月 27 日给朋友王世杰写的第三封信以及在 7 月 26 日给罗隆基的信中,提出了作为对日作战方针的第一方案和第二方案,并希望他们向首脑部门提出建议。[1] 关于这第二方案,加藤阳子也在其所著书中提到了。[2]

加藤氏说:"1935 年当时,中国期盼着美国和苏联能介入日本和中国纷争,但是,美国和苏联都因为与日本敌对会吃亏,所以没有介入。"[3] 同时,"胡适说:'要想把美国和苏联卷入中国和日本的纷争,首先中国必须从正面接受与日本的战争,要准备输二、三年','就算付出庞大的牺牲中国也应该应战,不仅要应战,中国还要有先站出来发动战争的觉悟'"[4]。而实际上,胡适在上述的第二方案中指出:要把美国和苏联卷入纷争,中国估计这个"绝大牺牲"的限度,总得先下决心作三年或四年的混战、苦战、失地、毁灭。只有这样,才能使世界人士对于中国表同情。

胡适提出的这两个方案,可以说与《非攻》上篇以及《非攻》中、下篇的想法相通。上述的第一方案,是通过与日本公开交涉,来争取一个喘气的时间、极力回避战争的一个方案。《非攻》上篇的理论是:因为杀人是不义的,而战争就是大量的杀人,是巨大的不义,所以应该阻止。抗日战争的前半期,中国如果对日本应战的话,会导致大量的杀人,那只有毁灭。因此,胡适认为就算牺牲伪国的土地和经济,也要回避这个杀人状况,回避战争,"反对那些人类理智上最矛盾,最无理性,最违反逻辑的好战的人性"。不管是一人也好,一百人也好,万人也好,胡适就是反对杀人这个行为,是纯粹的反战,他的这种想法与《非攻》上篇的精神相通,在此,我们称其为"上篇性方针"。同时,他的第二方案,是中国通过作出三四年"绝大牺牲"(大量"杀人"的牺牲),来让日本的陆军、海军大动员,使之财政崩

---

〔1〕　详细参见拙论《〈日记〉から见た日中战争期における胡适の主张—主和から主战へ—》,《中国哲学》第 35 号,2007 年,第 22—26 页。
〔2〕　加藤阳子:《それでも、日本人は"战争"を选んだ》,朝日出版社,2010 年,第 322—327 页。
〔3〕　加藤阳子:《それでも、日本人は"战争"を选んだ》,朝日出版社,2010 年,第 324 页。
〔4〕　加藤阳子:《それでも、日本人は"战争"を选んだ》,朝日出版社,2010 年,第 325 页。

溃，使日本与欧美之间直接起利害上的冲击（只有大牺牲即"不利"，而没有"利"）。并且，中国能获得世界人士的同情，还因为与日本作战是为了自卫，是正义的战争，能获得世界人士的理解（对日战，不是为了私利私欲的"攻"，而是为了"天下之利"的"诛"这样的方向性）。胡适的这个方案，与《非攻》中、下篇的精神相通，我们称其为"中、下篇性方针"。

建议要做"绝大牺牲"的觉悟来抗战的第二方案，有研究者以 1935 年 6 月 27 日的信为根据，主张从此时开始胡适已经转向抗战了；但当时，正如胡适所说的"第二方案只是第一方案的后盾"一样，胡适自己是主张用第一方案与日本"公开交涉"，主张通过议和来解决中日全部悬案之事。[1] 实际到 1937 年的卢沟桥事变发生时，胡适的这个主张依然没变。

卢沟桥事变之时，就算中国要抗日，但由于军备不充足，当然没有胜算的可能。正像胡适自己所说的一样，"问题重心便是我们怎么能打？拿什么去抗日？我们陆军的训练和装备均甚窳劣；既无海军，实际上也没有空军；也没有足以支持战争的国防工业，我们拿什么去抗日呢？这是一件悲剧"[2]，他在担忧着中国的军力。胡适到此时还因为跟日本作战不会取胜，作尽可能回避战争的努力。

胡适站在即使承认傀儡满洲国，即使作最大的让步，也应极力避开战争选择和平之道这样的立场上，看起来好像有如《非攻》中、下篇一样的在叙述着利与不利，但实际上他在极力避免大规模"杀人"的战争，与《非攻》上篇精神相通，在根据义不义的观点来分析情势。而事实上，议和才是极力减少"杀人"的方策。

可是，对于日益加剧的日本的侵略，胡适不久也已无法停留在如《非攻》上篇般的纯理想的立场上了。[3] 随着战争形势的变化，有讽刺意味或可笑的是，他的立场也逐渐变为如《非攻》中、下篇般了。就是说，作为

---

〔1〕 详细参见拙论：《〈日记〉から见た日中战争期における胡适の主张—主和から主战へ—》，《中国哲学》第 35 号，2007 年。

〔2〕《胡适文集 1》，北京大学出版社，1998 年，第 244 页。

〔3〕 用本田氏的话来说，"纯理论"的立场，或者，用吉永的话来说，可说是"原理的"立场。

实践面,到 1937 年为止,他希望的是"上篇性方针",1937 年 8 月 13 日以后,中国政府也好,胡适自己也好,都变成"中、下篇性方针"了。

1937 年 8 月 6 日以后,胡适知道跟日本的议和已经不能实现了之后,他的观点逐渐变为对日抗战了(详细参见第一章中胡适 1937 年 9 月 8 日的日记)。胡适看到 1937 年 8 月 13 日第二次"上海事变"中,中国军队奋勇作战的情景,他感到中国也能抗战,从此他的观点也随之变为对日作战了。

1937 年 11 月 13 日,胡适作为驻美特使(国民使节),在美国的纽约外交政策协会(Foreign Policy Association)上,以《远东冲击后面的问题》(The Issues behind the Far Eastern Conflict)为题进行了演讲。

在演讲的开头,他作了如下的叙述:

今日远东冲击后面的问题有二:

一、日本帝国主义与中国国家主义合法渴望的冲击。

二、日本军国主义和新世界秩序道德的限制之间的冲击。

……所以外来的文化到了中国都无法与中国固有的文化相抗衡,外族的侵略也无法在中国长久立足。中国的抗日情绪和抗日行动就是愤恨和抗拒日本侵略的表现。这种情绪和行动是合理的,所以中国才会赢得世界的同情……所以我说中国为生存而战并不是夸大其辞。

第二个问题所关连的,却不仅是中国,而是整个世界的。这是日本政府认可的罪行把这个世界新秩序毁坏无遗。日本狂暴的行为解除一切在世界新秩序控制下的狂暴行为的束缚……所以中国在某种意义说来是为整个世界作战的……因为国际的混乱是以一九三一年日本侵略满洲始,日本在国际间应当被目为"第一号敌人",必须对毁坏代表数十年来理想主义的世界新秩序负责任。[1]

由这个演讲可以看出胡适已经持有像《非攻》下篇一样的观点了。在演讲中,胡适指出:中国的抗日战争,是为自卫而战,是为生存而战,是为与世界新秩序的破坏者作战,指摘日本是国际社会的"第一号敌人"(Public Enemies Number One)。日本就相当于《墨子·非攻》下篇的所谓"天下之巨害",除去这"天下之巨害",就有如《非攻》下篇的"禹征有苗,汤伐桀,武王伐纣"一样,胡适指出了中国的抗日战争是为整个世界而战,不是"攻",而是"诛"。因为日本是"破坏世界新秩序"的天下之巨害,日本固然走上了全民族切腹的路,胡适觉得只有让日本败北,才是拯救日本民族的唯一手段。可以认为,胡适是抱着如此的善意,而提出了"日本切腹,中国介错"[2]这个观点[3]的。

胡适在抗日战争期间的战争观的转换,在其1938年11月13日的日记中也能窥视。当天的日记如下:

　　覆咏霓文电,有云,"六年之中,时时可和,但事至今日,已不能和。六年中,主战是误国,不肯负责主和是误国,但今日屈伏更是误国"。[4]

在此,胡适指出:至今为止的六年间,即从1931年9月18日的"柳条湖事件"开始到"为大战之前要作一次最大的和平努力"的1937年8月6日的六年间,"时时可和"。从这个言词可知,胡适六年间都在考虑着回避战争,考虑着议和的可能性。胡适虽然在主张议和,但是,与汪兆铭一派

〔1〕《胡适全集22》,安徽教育出版社,2003年,第588页;《胡适全集37》,安徽教育出版社,2003年,第424—435页。
〔2〕曹伯言整理:《胡适日记全编6》,安徽教育出版社,2001年,第510页。
〔3〕最近有周质平《光焰不熄 胡适思想与现代中国》(2012年6月)一书出版,周氏在《胡适笔下的日本》一文中指出:"他(胡适)不忍看着日本走上自我毁灭的道路,因为他不信'日本的毁坏是中国之福或世界之福'。"周氏的观点非常值得参考。
〔4〕曹伯言整理:《胡适日记全编7》,安徽教育出版社,2001年,第188页。

的"不肯负责主和"而"误国"不一样,胡适主张的是"有代价的让步"。同时,对于没有军力却主张着抗战的一派,他也指摘此"主战是误国"的。但事至今日,因为"屈伏更是误国",议和也已经没有可能了,余下的选择只有战争。当然,在此时,与日本抗战的军力也已增强。于是,胡适选择的是,主张抗日战争。

但这个战争不仅仅是简单的抗战,而是为国生存的战争,是为了整个世界的战争,即为的是天下之利的战争,就如《非攻》下篇里所叙述的,不是"攻"而是"诛",是诛伐的战争。这就是胡适容许这场战争的理由。作为实际行动,胡适在 1937 年 9 月,先以驻美特使的身份,其后,到 1942 年又作为驻美大使,为了引导中国在抗日战争中取胜,他在美国这个最重要的国际舞台上做了种种努力,对完全不想介入中国和日本战争的美国政府以及国民,诉说了如昔日墨子为除天下之巨害、为了天下之利而作战一样,中国与日本作战是为了除去"第一号敌人",为了除去"世界新秩序的破坏者",是为了整个世界而战。胡适要说服毫无意思介入战争的美国,为了使其下参战决心,他运用了最有说服力的逻辑就是与《非攻》下篇相通的观点,最终成功地等到了美国的参战,使第二次世界大战成为现实。[1]

小　结

在胡适的认识中,《墨子·非攻》上篇是基于道德性的正义感而主张"非攻",而中、下篇是基于如 Jeremy Bentham 所说的"最大多数的最大幸福"的功利主义的逻辑上来叙述"非攻"主张的。胡适评价《非攻》上、中、下篇的差异时,指出"《非攻》上只说得攻国得'不义',《非攻》中、下只说得攻国得'不利'。因为不利,所以不义"(参见其《中国哲学史大纲》卷上)。

---

〔1〕 余英时:《重寻胡适历程——胡适生平与思想再认识》;绪形康:《记忆は抵抗する—駐米大使、胡适の抗日战争—》;拙论《〈日记〉から见た日中战争期における胡适の主张—主和から主战へ—》。

胡适对于《非攻》上、中、下篇,在学问上没有做出明确的区分,但在评价时,指出"尤其是三篇里的《非攻上》实在是最合乎逻辑的反战名著",把《非攻》上篇和中、下篇分开来叙述。比如说在现代的研究中,对墨家的看法一般倾向于"义即利,利即义"的见解,作为对《墨子·非攻》篇整体的认识,胡适虽然也认同这个见解,但胡适还是意识到了《非攻》上篇与中、下篇的差异。就《非攻》篇整体来说,其关键字句是功利主义,但最初篇的《非攻上》并不是论功利主义的,当然,把《非攻》三篇汇总起来看,就使人不易懂了。其实正如李承律前面所说,上篇"虽然也说利,但这个利不是功利主义的利;《非攻》中、下篇的利是功利主义的利,此利与义相同"。

墨子也好,胡适也好,对于战争,最初都是纯粹地或原理性地以义或不义为问题中心。但到了后来,一旦自己要实际面临战争了,就有如从《非攻》上篇到《非攻》中、下篇转换一样,胡适由主和变为彻底抗战,转变了自己的主张。胡适主张的转变,正好与《墨子·非攻》篇是同样的流向。尽管胡适年轻时(在美国留学的时候)[1]是和平主义者,但最终却积极推动了抗日战争。墨子在原理上也是和平主义者,而实际却以"诛"的名义,容许了战争。如此,胡适在抗日战争时期的主张、想法、行动,实际上正好像采取了《墨子·非攻》上、中、下篇这样的阶段性的主张、想法、行动。虽然这并不是胡适有意识性地去按《非攻》上、中、下篇所做,但最终却殊途同归。对于如何来处置暴力战争,即使是和平主义者的胡适,最终也还是容许了战争。墨子按《非攻》上、中、下篇的顺序展开讨论的过程,与胡适由作主和努力到彻底抗战的这个观点转变的经过,可以认为是同样的。同样是和平主义者的两人,尽管主张反对战争或者主张议和,但最终却容许了战争这样的过程,可以看出其中有某种矛盾的存在。两者结果都不能避开战争,不仅容许了战争,抗战思想一旦觉醒了,两者都成了战争的专家。墨子呢,想出防卫术,以集团为单位进行战争行为。而另一方面,胡适设想了周密的作战方针,引导政府的首脑部门,自己也在外交上,在

---

〔1〕 曹伯言整理:《胡适日记全编 1》,安徽教育出版社,2001年,第565页。

美国这个最重要的国际舞台上作出实绩,发挥了其战略智慧。

作为"极端和平主义者"的胡适,而自己最后却成了"人类理智上最矛盾,最无理性,最违反逻辑的好战的人性"的人了。也就是说,自己也成了被拘束于人性中某种矛盾的人了。在当代,地球上依然持续着杀戮行为。我们人类对于战争的拒绝感,应该比以前更强烈了,但尽管如此,还有战争在进行着。人类的矛盾,至今也没有消失。胡适到了晚年,在自己经历了战争等所有人生体验之后,还指出"《非攻上》实在是最合乎逻辑的反战名著",对《非攻》上篇作了很高的评价。这并不是年轻人常有的理想论,而是对当代正在进行着战争、或打算进行战争的人,提出的来自经验者的重要转言。战争结束之后,胡适还对《非攻》上篇作出如此高的评价,这其中包含着启发人类本性的重要意义。

第三章
作为驻美大使之胡适的演讲活动

　　关于抗日战争时期胡适在美国的演讲旅程和次数,至今为止的研究,都是以胡适在 1942 年 5 月 17 日给朋友翁文灏和王世杰的信中所写的"旅行一万六千英里,演讲百余次"为依据来论述的。例如,对胡适的演讲活动作了详细研究的张忠栋在《胡适五论》中引用了这封信[1],同时,也提到唐德刚用安徽农民的谚语"捞鱼摸虾,耽误庄稼"对胡适的"行万里路,演百余讲"的演讲活动进行了批评[2]。莫高义在《书生大使——胡适出使美国研究》一书中,除引用了这封信[3]以外,还引用了"赴全美各地演讲 400 次之多"的胡适的回忆。同时,日本的绪形康在《記憶は抵抗する—駐米大使、胡適の抗日戦争—》一书中提到"在任大使工作最后的 1942 年,胡适竟在一万六千英里的旅途里,处理了百余次演讲的过密行程"[4]。可是,这些先行研究都只是根据胡适的言词说了演讲次数的大概数字,而他在何时、何地,以何对象,以怎样的内容,究竟作了几次演讲,一个一个有证据地统计性的分析研究似乎还没有。在此,笔者以现在能确认到的资料为基础,试着厘清胡适在作为驻美特使及驻美大使期间的演讲活动的全貌。

---

〔1〕 张忠栋:《胡适五论》,台北稻乡出版社,2005 年,第 138 页。
〔2〕 张忠栋:《胡适五论》,台北稻乡出版社,2005 年,第 112 页。
〔3〕 莫高义:《书生大使——胡适出使美国研究》,广东人民出版社,2006 年,第 186 页。
〔4〕 绪形康:《記憶は抵抗する—駐米大使、胡適の抗日戦争—》,《現代中国研究》第 12 号,东京中国现代史研究会,2003 年 3 月 30 日,第 19 页。

一、演讲活动之原貌

以下,把胡适作为驻美特使及驻美大使的演讲活动列成 a:时间、b:地点、c:标题、d:对象者、e:出处·根据、f:备考六个项目,并按日期的顺序进行整理。其中对"e:出处·根据"一项使用了略称:"日记"指曹伯言整理的《胡适日记全集》(台北联经出版事业股份有限公司,2004 年);"年谱五"指胡颂平编著的《胡适之先生年谱长编初稿》第五册(台北联经出版事业股份有限公司,1984 年);"胡先生传"指胡不归的《胡适之先生传》(1941年 12 月);"西文目录"指季维龙编的《胡适著译系年目录》(安徽教育出版社,1995 年)所收的《胡适西文著作目录》,原出于优金·勒·德兰菲尔(Eugene L. Delafield)和袁同礼编的《胡适先生西文著作目录》(台北"中央研究院"历史语言研究所,1963 年);"全集"指季羡林主编的《胡适全集》(安徽教育出版社,2003 年)。对"f:备考"用了"关键词①②"等记叙,指的是后述的①至⑧的关键词以及话题(仅限于在演讲内容中能确认到的部分)。为了计算上的方便,在能确认到的出处、根据等资料的演讲件数前面,附上了连续号码,称为"演讲 No."。

(1)a:1937 年 9 月 23 日晚饭后 8 点;b:檀香山的 Dillingham Hall;c:不明;d:太平洋学会的有关人员;e:日记,东京《朝日新闻》(1945 年 9月 25 日号外)。

(2)a:1937 年 9 月 26 日午饭后;b:旧金山大中华戏院;c:中国抗战的意义与将来;d:住在美国的中国人;e:日记,东京《朝日新闻》(1945 年 9 月28 日),年谱五(第 1616 页),胡先生传(第 103 页);f:关键词④⑥⑧,《支那抗战の意义と将来》(《文艺春秋》,1938 年 1 月,第 436—442 页)。

(3)a:1937 年 9 月 29 日午餐会;b:San Francisco, Commonwealth Club;c:Can China Win;d:Commonwealth Club 出席者;e:日记,全集第 37 卷。

(4)a:1937 年 9 月 30 日早餐会;b:University of California;c:不明;d:University of California 有关人员;e:日记。

(5)a:1937 年 10 月 1 日;b:San Francisco,Columbia 广播电台;c:What China Expects of America in the Present Crisis;d:美国国民;e:日记,年谱五(第 1617 页),全集第 44 卷(第 123 页);f:关键词⑥⑦,后刊载于 *The Far Eastern Magazine*,Vol. 1,No. 1,November 1937,pp. 14—16(西文目录 171 号)。

(6)a:1937 年 10 月 18 日;b:华盛顿;c:不明;d:40 个工商业,银行的领袖(如 Thomas Lamont);e:日记。

(7)a:1937 年 11 月 3 日;b:布鲁塞尔;c:不明;d:"九国公约会议"出席者;e:年谱五(第 1620 页)。

(8)a:1937 年 11 月 10 日;b:Foreign Policy Association(纽约外交政策协会);c:不明;d:纽约外交政策协会的会议出席者;e:西文目录 172 号,全集第 44 卷(第 122 页);f:西文目录作 Address Delivered at Foreign Policy Association,New York,November 10,1937. In: *China References Series*(New York),Vol. 2,January 1938,pp. 57—60.

(9)a:1937 年 11 月 13 日;b:Foreign Policy Association(纽约外交政策协会);c:The Issues Behind the Far Eastern Conflict(远东冲击后面的问题);d:纽约外交政策协会的会议出席者;e:年谱五(第 1620 页);f:关键词①⑤⑥,后刊载于 New York,*China Institute in America*,1938,p. 8(西文目录 34 号)。

(10)a:1937 年 12 月 9 日;b:华盛顿的"女记者俱乐部";c:不明;d:华盛顿的"女记者俱乐部"的记者等;e:胡先生传(第 103 页),年谱五(第 1624 页);f:关键词⑤⑥。

(11)a:1937 年 12 月 13 日;b:纽约阿士打宾馆,纽约外交政策协会;c:不明;d:参加纽约外交政策协会的"有关远东战事的讨论会"参加者;e:*New York Times*,1937 年 12 月 14 日;f:关键词⑥⑧,和胡适对抗的是日本大阪《每日》和《日日》两报的编辑高石真五郎。

(12)a:1938 年 1 月 3 日;b:New York,Professor Mrs. Vladimir Gregorievr Simkhoviich 们设立的 Green House;c:不明;d:Professor Mrs.

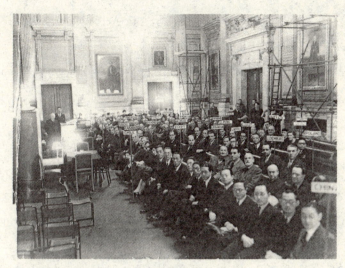

胡适出席国际大会

Vladimir Gregorievr Simkhoviich 们；e：日记。

(13)a：1938 年 1 月 4 日；b：New York，Guaranty Trust；c：不明；d：G. T. Co. 的银行家共 19 人，其中有一部分人是 Morgan 系列的人；e：日记。

(14)a：1938 年 1 月 10 日；b：Cleveland, Hotel Cleveland；c：China's Struggle for Freedom；d：Foreign Relations Council's 会的 500 人；e：日记。

(15)a：1938 年 1 月 11 日 12 点；b：Oberlin，Oberlin 的礼拜堂；c：不明；d：不明；e：日记。

(16)a：1938 年 1 月 11 日下午 4 点半；b：Oberlin；c：The War in China & the Issues Involved；d：不明；e：日记。

(17)a：1938 年 1 月 14 日晚 7 点；b：Washington, D. C. ；c：Education for Peace or War；d：Association of Progressive Education 的年会宴会出席者；e：日记。

(18)a：1938 年 1 月 18 日晚；b：New York，Quill Club；c：不明；d：有很多社会上的重要人物，如 Col. Olive F. Allen，Wm. I. Schieffelin；e：日记。

(19)a：1938 年 1 月 25 日 6 点；b：Ann Arbor，Michigan Union；c：不明；d：Dinner Meeting of the Division of the Social Sciences 出席者；e：日记。

(20)a:1938 年 1 月 26 日午餐会；b:Ann Arbor,Rotary Club；c:Chinese Youth；d:Rotary Club 有关人员 200 余人；e:日记。

(21)a:1938 年 1 月 26 日 4 点；b:Ann Arbor,Michigan University；c:Democracy or Fascism in China?；d:Michigan University 有关人员；e:日记。

(22)a:1938 年 1 月 26 日晚 6 点；b:Ann Arbor,Michigan University；c:美国对远东的政策；d:Michigan University 中国学生约 160 人；e:日记。

(23)a:1938 年 1 月 27 日；b:Chicago,"American Friends of China"茶会；c:Can China Survive?；d:茶会出席者；e:日记；f:后刊载于 Forum and Century,Vol. 97,No. 1,January 1937,pp. 39—44(西文目录 83 号)。

(24)a:1938 年 1 月 30 日晚餐；b:Chicago,International House；c:Some Permanent Aspects of Chinese Civilization；d:不明；e:日记。

(25)a:1938 年 1 月 31 日；b:Minneapolis；c:不明；d:Foreign Policy Association 的会员；e:日记。

(26)a:1938 年 1 月 31 日傍晚 5 点；b:Minneapolis；c:The Issues Involved in the War；d:Foreign Policy Association 晚餐会出席者 200 余人；e:日记。

(27)a:1938 年 2 月 1 日中午时分；b:Minnesota,University of Minnesota；c:不明；d:Professor Harold S. Quigley,University of Minnesota 的教职员,代理校长,研究院院长及教授等 20 余人；e:日记。

(28)a:1938 年 2 月 1 日 3 点半；b:Minnesota,University of Minnesota；c:Nationalist China；d:University of Minnesota 有关人员；e:日记。

(29)a:1938 年 2 月 4 日；b:Spokane,Eastern Washington College of Education；c:Conditions in China；d:Eastern Washington College of Education 有关人员；e:日记。

(30)a:1938 年 2 月 4 日午餐后；b:Spokane,Lewis & Clark High School；c:不明；d:2200 个学生；e:日记。

(31)a:1938 年 2 月 4 日晚 7 点 50 分；b:Spokane,Civic Hall；c:Issues

Involved in the War；d：普通市民 1000 人；e：日记。

(32)a：1938 年 2 月 5 日中午；b：Spokane；c：不明；d：Spokane 商学宗教界的干部 20 余人；e：日记。

(33)a：1938 年 2 月 5 日晚；b：Spokane 的广播台；c：不明；d：广播听众；e：日记。

(34)a：1938 年 2 月 6 日晚；b：Spokane，Central Methodist Church；c：不明；d：到场者 1200 人；e：日记。

(35)a：1938 年 2 月 7 日 4 点；b：Seattle，University of Washington；c：Issues Behind the Far Eastern Conflict；d：University of Washington 有关人员；e：日记。

(36)a：1938 年 2 月 8 日；b：Bellingham，Washington College of Education；c：不明；d：Washington College of Education 有关人员；e：日记。

(37)a：1938 年 2 月 8 日夜晚；b：Bellingham，Puget Sound Group of the Institute of Pacific Relations 晚餐会；c：不明；d：到场者 60 余人；e：日记。

(38)a：1938 年 2 月 9 日中午；b：Bellingham，Sunset Club；c：不明；d：Sunset Club(一个妇女会)到场者；e：日记。

(39)a：1938 年 2 月 9 日；b：Bellingham，China Club；c：不明；d：住在美国的中国人 300 余人；e：日记。

(40)a：1938 年 2 月 10 日 11 点；b：Bellingham，Faculty Club，Research Club；c：Research Work in China；d：到场者都是大学教授；e：日记。

(41)a：1938 年 2 月 10 日晚；b：Tacoma，Foreign Affairs Forum 的晚餐会；c：不明；d：Von Brevern，Martin 及 Foreign Affairs Forum 晚餐会的来宾 295 人，餐后又聚集了 150 人；e：日记。

(42)a：1938 年 2 月 11 日；b：Tacoma，Moore Theatre；c：不明；d：China Club 主办的 Mass Meeting 出席者；e：日记。

(43)a：1938 年 2 月 12 日午餐会；b：Portland，Reed College；c：不明；d：Reed College 午餐会的出席者；e：日记。

(44)a:1938 年 2 月 12 日晚 6 点半；b:Portland,University Club,Reed College；c:不明；d:Reed College 有关人员；e:日记。

(45)a:1938 年 2 月 16 日晚餐后；b:San Francisco,Berkeley,Wheeler Auditorium；c:Scientific Research in China；d:700 人出席者；e:日记。

(46)a:1938 年 2 月 18 日 10 点；b:Los Angeles,University of Southern California；c:不明；d:大学有关人员 2000 人；e:日记。

(47)a:1938 年 2 月 18 日 12 点；b:Los Angeles,University Club；c:不明；d:大学有关人员；e:日记。

(48)a:1938 年 2 月 18 日 4 点；b:Los Angeles,Pomona College 的礼堂；c:不明；d:普通市民；e:日记。

(49)a:1938 年 2 月 19 日；b:Los Angeles,Pasadena；c:For a Better World Order；d:World Affairs Assembly 大宴会的到场者 600 余人；e:日记。

(50)a:1938 年 2 月 20 日午餐会；b:Los Angeles；c:不明；d:华侨；e:日记。

(51)a:1938 年 2 月 23 日下午 1 点 15 分；b:British Columbia,Victoria,The Left Book Club；c:不明；d:The Left Book Club 到场者约 40 人；e:日记。

(52)a:1938 年 2 月 23 日晚餐后；b:Victoria,Canadian Institute of International Affairs；c:The Issues Behind the War；d:Canadian Institute of International Affairs 出席者；e:日记。

(53)a:1938 年 2 月 24 日晚 8 点 15 分；b:Vancouver,Dean F. Home C. I. I. A. 会；c:China Today；d:C. I. I. A. 会的到场者 60 人；e:日记。

(54)a:1938 年 2 月 27 日下午 3 点；b:Edmonton,Institute of International Affairs；c:不明；d:Institute of International Affairs 到场者约 40 人；e:日记。

(55)a:1938 年 2 月 27 日 6 点；b:Edmonton,"Purple Lantern"；c:近日国难情景；d:华侨到场者 250 人；e:日记。

(56)a:1938 年 2 月 28 日晚 6 点半；b:Saskatoon,C. I. I. A. 晚餐会；c:

不明;d:C. I. I. A. 晚餐会出席者;e:日记。

(57)a:1938 年 3 月 2 日午餐;b:Winnipeg,Manitoba Club;c:不明;d:Richardson(西部最富之人),Cheste,Murray(皆与粮食有关),Winnipeg Tribune 编辑 McTavish 等;e:日记。

(58)a:1938 年 3 月 2 日晚;b:Winnipeg,Canadian Institute;c:不明;d:不明;e:日记。

(59)a:1938 年 3 月 3 日中午;b:Winnipeg,Canadian Club;c:不明;d:Canadian Club 午餐会出席者 500 人;e:日记;f:*Free Press* 刊登讲话,标题为"A Voice From China";G. V. Ferguson。

(60)a:1938 年 3 月 5 日 2 点 5 分;b:Hamilton, Baptist, McMaster University,International Relations Club;c:不明;d:不明;e:日记。

(61)a:1938 年 3 月 5 日晚;b:Hamilton Club,Canadian Institute;c:不明;d:不明;e:日记。

(62)a:1938 年 3 月 7 日 6 点前;b:London,Ont. ;c:不明;d:C. I. I. A. 晚餐会出席者;e:日记。

(63)a:1938 年 3 月 8 日晚 6 点;b:Windsor,C. I. I. A. ;c:不明;d:C. I. I. A. 晚餐会的出席者;e:日记。

(64)a:1938 年 3 月 9 日中午;b:Toronto,Canadian Club;c:不明;d:Canadian Club 会餐的出席者近 500 人;e:日记;f:有广播。

(65)a:1938 年 3 月 10 日中午;b:Montreal,Canadian Club;c:不明;d:不明;e:日记。

(66)a:1938 年 3 月 10 日晚 7 点;b:Montreal,C. I. I. A. 晚餐会;c:不明;d:C. I. I. A. 晚餐会出席者约七八十人;e:日记。

(67)a:1938 年 3 月 11 日晚 7 点;b:Ottawa, Ridean Club, Canadian Institute of Int. Affairs 晚餐会;c:不明;d:Canadian Institute of Int. Affairs 晚餐会出席者;e:日记。

(68)a:1938 年 3 月 12 日 1 点;b:Ottawa,Canadian Club;c:不明;d:到场者很多,加拿大总理麦肯赛尔・金(McKenzie King)也到场了,女性

议员 Miss McPhail 也出席了会议；e：日记。

　　(69)a：1938 年 3 月 15 日；b：Ithaca，Miss Gaskill 的中国史班；c：有关
"宋儒"；d：Miss Gaskill 的中国史班学生；e：日记。

美　国		加拿大	
安娜堡（Ann Arbor）	4 次	维多利亚（Victoria）	2 次
芝加哥（Chicago）	2 次	温哥华（Vancouver）	1 次
明尼阿波利斯（Minneapolis）	5 次	埃德蒙顿（Edmonton）	2 次
斯波坎（Spokane）	7 次	萨斯卡通（Saskatoon）	1 次
西雅图（Seattle）		温尼伯（Winnipeg）	2 次
贝林汉姆（Bellingham）	9 次	哈密尔顿（Hamilton）	2 次
塔科马（Tacoma）		安大略省伦敦市（London, Ont.）	1 次
波特兰（Portland）	2 次	温莎（Windsor）	1 次
旧金山（San Francisco）	1 次	多伦多（Toronto）	2 次
洛杉矶（Los Angeles）	6 次	蒙特利尔（Montreal）	2 次
伊撕卡（Ithaca）	2 次	渥太华（Ottawa）	2 次
共　计	38 次		18 次

　　(70)a：1938 年 3 月 16 日午餐后；b：Ithaca，Law School；c：Recent Dis-
coveries of New Materials for Chinese History；d：Ithaca，Law School 学
生；e：日记；f：这次旅程（从 1 月 25 日到 3 月 16 日）共 51 天，作了 56 次演
讲，其中美国 38 次、加拿大 18 次（日记里记有细目）。

　　(71)a：1938 年 3 月 17 日晚；b：Ithaca，中国学生会；c：不明；d：中国学
生；e：日记；f："这是我此行第 57 次演说。"

　　(72)a：1938 年 3 月 31 日晚 10 点；b：Philadelphia，College Chinese
Scholarship Committee 晚餐会；c：不明；d：College Chinese Scholarship
Committee 晚餐会出席者；e：日记。

　　(73)a：1938 年 4 月 1 日晚 8 点 15 分；b：Philadelphia，American Acad-
emy of Social & Political Science 年会；c：To Have not and Want to Have；

d：American Academy of Social & Political Science 年会出席者；e：日记；f：后刊载于 *The Annuals of the American Academy of Political and Social Science*，Vol. 198，pp. 59－64[西文目录 88 号，年谱五(第 1631 页)]。

(74)a：1938 年 4 月 7 日晚；b：New York，American Bureau for Medical Aid in China 晚餐会；c：不明；d：American Bureau for Medical Aid in China 晚餐会出席者；e：日记。

(75)a：1938 年 4 月 23 日晚；b：Philadelphia，American Philosophical Society 年会宴会；c：Scientific Method and International Understanding；d：American Philosophical Society 年会宴会出席者；e：日记。

(76)a：1938 年 4 月 28 日；b：New York，Smith College Club；c：The Chinese Renaissance；d：Smith College Club 出席者；e：日记。

(77)a：1938 年 5 月 3 日晚 8 点半；b：Framingham，Wellesley College；c：China's National Unity；d：学生；e：日记。

(78)a：1938 年 5 月 4 日晚餐后；b：New York，International House；c："五四"的故事及其意义；d：不明；e：日记。

(79)a：1938 年 5 月 12 日晚 7 点；b：New York，Shelton Hotel；c：不明；d：协和医校的聚餐到场者 200 人；e：日记。

(80)a：1938 年 5 月 13 日晚餐后 8 点；b：Richmond，Ind. ，Institute of Foreign Affairs 会场；c：The Cultural Background of the Sino－Jap. Conflict；d：Institute of Foreign Affairs 出席者；e：日记；f：日本大使馆的参事 Suma 代表日本的立场作了演讲。

(81)a：1938 年 5 月 14 日晚；b：Richmond，Institute of Foreign Affairs 会场；c：Issues behind the Conflict；d：Institute of Foreign Affairs 出席者；e：日记。

(82)a：1938 年 5 月 16 日 2 点；b：Cincinnati，Univ. Union；c：不明；d：Univ. Union，Vinacke 外交政策班学生；e：日记。

(83)a：1938 年 5 月 26 日晚 11 点 15 分；b：New York，WOR 广播台；c：不明；d：美国国民；e：日记。

(84)a:1938 年 6 月 2 日;b:New York,Dalton School;c:Values to be Cherished;d:学生;e:日记。

(85)a:1938 年 6 月 4 日;b:New York,International House 高丽学生年会;c:不明;d:高丽学生年会有关人员;e:日记。

(86)a:1938 年 6 月 24 日下午 8 点;b:纽约,唐人街;c:不明;d:土生中国男女青年;e:日记。

(87)a:1938 年 6 月 24 日 10 点;b:New York,Columbia Broadcasting Network;c:What Can America Do in the Far Eastern Situation;d:不明;e:日记;f:后刊载于 IBID,Vol. 2,No. 6,August 1938,pp. 293－295. Also in:*The China Weekly Review*,Vol. 86,September 24,1938,pp. 106－107(西文目录 90 号)。

(88)a:1938 年 6 月 27 日下午;b:Cape May,N. J. ,"Friends' General Conference";c:Force & the World Order;d:听众 1000 人;e:日记。

(89)a:1938 年 6 月 28 日;b:Wallingford,Pendle Hill,Pa. ;c:不明;d:当地学生 50 人;e:日记。

(90)a:1938 年 7 月 1 日;b:LaSalle St. Chigaco,中国基督教学生大会;c:National Crisis & Student Life;d:中国基督教学生大会出席者;e:日记,年谱五(第 1630 页);f:后刊载于 *Chinese Christian Student*,Vol. 29,No. 2,December 1938,pp. 3－4(西文目录 173 号)。

(91)a:1938 年 7 月 1 日;b:LaSalle,Chicago;c:The Far Eastern Situation;d:中国基督教学生大会出席者;e:年谱五(第 1630 页);f:后刊载于 IBID,Vol. 29,No. 3,January 1939,pp. 9－10(西文目录 174 号)。

(92)a:1938 年 7 月 5 日下午 4 点半;b:Ann Arbor,Michigan University;c:The Political Thought of the Classical Schools of Ancient China;d:Michigan University 有关人员;e:日记。

(93)a:1938 年 7 月 6 日午餐;b:Ann Arbor,Institute; c:不明;d:Institute 会餐出席者;e:日记。

(94)a:1938 年 7 月 6 日下午;b:Ann Arbor,Institute;c:Social and

Political Development in Medieval China；d：Institute 有关人员；e：日记。

(95)a：1938 年 7 月 6 日下午；b：Ann Arbor，中国学生会；c：抗日一周年；d：中国学生；e：日记；f：关键词④⑥。

(96)a：1938 年 7 月 7 日下午；b：Ann Arbor；c：不明；d：Institute 有关人员；e：日记，胡先生传（第 104 页），年谱五（第 1630 页）。

(97)a：1938 年 7 月 8 日；b：Ann Arbor；c：不明；d：Institute 有关人员；e：日记。

(98)a：1938 年 7 月 11 日；b：New York，Port Arthur；c：不明；d：不明；e：日记；f："我作了演讲。我在美国九个月，无他成绩，只能力行'无为'而已。"

(99)a：1938 年 8 月 17 日；b：United Kingdom，London，The New Commonwealth Institute；c：不明；d：The New Commonwealth Institute 有关人员；e：日记。

(100)a：1938 年 8 月 21 日；b：United Kingdom，London，China Institute；c：不明；d：中国学生；e：日记。

(101)a：1938 年 8 月下旬；b：伦敦"中华协会"；c：抗战一周年的观感；d：伦敦"中华协会"有关人员；e：胡先生传（第 104 页），年谱五（第 1642—1643 页）。

(102)a：1938 年 8 月 30 日上午；b：瑞士的史学会；c：Newly Discovered Materials for Chinese History；d：史学会出席者；e：日记。

(103)a：1938 年 10 月 28 日；b：华盛顿；c：不明；d：新闻记者 24 人，e：日记。

(104)a：1938 年 11 月 2 日；b：华盛顿；c：不明；d：新闻界；e：胡先生传（第 25、124 页），"蒋总统秘录"第 12 册（第 23 页），年谱五（第 1652 页）。

(105)a：1938 年 11 月 17 日晚；b：Washington D. C.，Orientalia 晚餐会；c：中国近况；d：Orientalia 晚餐会 50 余人；e：日记。

(106)a：1938 年 11 月 26 日；b：Washington D. C.，Cosmos Club；c：为 Chamberlain 辩护；d：Cosmos Club 有关人员；e：日记。

1938 年 10 月,胡适任驻美大使后第一次招待新闻记者

(107)a:1938 年 11 月 28 日;b:Washington D. C. ,Overseas Writers Club;c:不明;d:不明;e:日记。

(108)a:1938 年 12 月 4 日晚餐后;b:New York, Harmonie Club;c:Japan's War in China;d:Harmonie Club 出席者;e:日记,年谱五(第 1654 页);f:关键词③④⑥⑧,后刊载于 *Chinese Cultural Society*,1938, p. 7[西文目录 35 号,年谱五(第 1661 页)]。

(109)a:1938 年 12 月 5 日;b:New York, Lawyer's Club;c:Japan's War in China;d:Lawyer's Club 50 人;e:日记,年谱五(第 1655 页);f:关键词③④⑥⑧,在医院住了 77 天。

(110)a:1939 年 5 月 24 日;b:Washington D. C. ,Columbia Alumni Club Banquet;c:我对 Columbia University 的回忆;d:Columbia Alumni Club Banquet 有关人员;e:日记。

(111)a:1939 年 5 月 26 日;b:Washington D. C. ;c:不明;d:合众社记者;e:胡先生传(第 26 页),年谱五(第 1667 页);f:关键词④⑥⑧。

(112)a:1939 年 5 月 27 日;b:Washington D. C. ;c:不明;d:合众社记者;e:胡先生传(第 26 页),年谱五(第 1667 页);f:关键词⑦。

(113)a:1939 年 6 月 6 日;b:New York, Columbia University Alumni Luncheon;c:不明;d:Columbia University Alumni Luncheon 有关人员;e:

日记，*New York Times*（1939 年 6 月 7 日），年谱五（第 1669 页）。

（114）a：1939 年 6 月 6 日；b：纽约，哥伦比亚大学学生的毕业典礼；c：不明；d：哥伦比亚大学学生；e：年谱五，第 1669 页；f：后刊载于 IBID，Vol. 29，No. 6－7，June 1939，p. 8（西文目录 175 号）。

（115）a：1939 年 6 月 10 日 11 点；b：Philadelphia，Haverford College；c：Commencement Address at Haverford College；d：Haverford College 毕业典礼参加者；e：日记。

（116）a：1939 年 6 月 17 日夜晚；b：Ithaca，同班年会 Alumni Luncheon (1914)；c：不明；d：同班年会出席者 2000 余人；e：日记。

（117）a：1939 年 6 月 18 日中午；b：Ithaca，中国学生会；c：不明；d：中国学生；e：日记。

（118）a：1939 年 6 月 20 日；b：纽约；c：关于"天津事件"；d：美国新闻界；e：胡先生传（第 26—27 页），年谱五（第 1670 页）。

（119）a：1939 年 7 月 7 日；b：美京侨民游行大会；c：不明；d：华侨；e：日记。

（120）a：1939 年 7 月 25 日；b：New York，Greenwich，Conn. ；c：不明；d：American Bureau for Medical Aid in China 到场者 90 人；e：日记；f："我和 Dr. Judd 有演说。"

（121）a：1939 年 8 月 10 日下午 4 点；b：Ann Arbor，Racklam Hall；c：Let's Look a Little Ahead；d：1000 余人；e：日记，年谱五（第 1673 页），全集第 37 卷（第 528 页）；f：关键词①②④⑥⑧。

（122）a：1939 年 8 月 11 日下午 6 点；b：Ann Arbor，中国学生会；c：不明；d：中国学生 180 人；e：日记。

（123）a：1939 年 9 月 26 日下午 1 点；b：Washington D. C. ，Women's National Press Club；c：不明；d：Women's National Press Club 会员；e：日记。

（124）a：1939 年 10 月 6 日；b：Pittsburgh，University of Pittsburgh；c：Dedication of China Memorial Room；d：China Memorial Room Committee 有关人员；e：日记，年谱五（第 1682 页），全集第 37 卷（第 544 页）。

(125)a:1939 年 10 月 9 日中午；b:New York；c:不明；d:中国银行等银行界的领导人；e:日记。

(126)a:1939 年 10 月 10 日下午；b:New York World's Fair,China Day 仪式；c:Broadcast,New York World's Fair(The Meaning of October Tenth)；d:China Day 仪式的出席者；e:日记,年谱五(第 1682 页),全集第 37 卷(第 549、555 页)；f:后刊载于 *Chinese Chistian Student*,Vol. 30,No. 1－2,October－November 1939,p. 4(西文目录 178 号)。

(127)a:1939 年 10 月 20 日晚；b:New York City,Pennsylvania Hotel；c:不明；d:杜威先生八十岁生日纪念聚餐会的到场者约 700 人；e:日记。

(128)a:1939 年 10 月 22 日；b:New York,Conference on Methods of Philosophy；c:不明；d:Conference on Methods of Philosophy 参加者；e:日记。

(129)a:1939 年 10 月 30 日；b:New York,China Society 宴会；c:We are Still Fighting；d:China Society 宴会参加者 300 人；e:日记,年谱五(第 1682 页)；f:关键词①⑥⑧,后刊载于 *China Magazine*,Vol. 16,No. 1,February 1940,pp. 4－6(西文目录 94 号)。又以"战争はまだ続く"为题刊登在日本的杂志《改造》(1940 年 4 月号)上。

(130)a:1939 年 10 月 31 日；b:New York；c:To Friends of China in America；d:"一碗饭运动"集会出席者；e:年谱五,第 1686 页；f:关键词⑥⑧,后刊载于 Bowl of Rice Ball. Program for New York city Bowl of Rice Dinner and Ball. Address given October 31,1939,pp. 5－6(西文目录 177 号)。

(131)a:1939 年 11 月 1 日晚；b:美国医药援华协会；c:伟大的同情心；d:美国医药援华协会有关人员；e:全集第 44 卷(第 158 页)。

(132)a:1939 年 11 月 11 日；b:New York,哥伦比亚广播电台；c:不明；d:美国听众；e:年谱五(第 1686 页)；f:关键词①⑦,后刊载于 *The Family of Nations*. Address delivered over the Columbia Broadcasting

Network. New York,1939,pp. 14—16(西文目录 176 号)。

(133)a:1939 年 11 月 14 日晚；b:New York,Syracuse,Syracuse University；c:不明；d:学生；e:日记。

(134)a:1939 年 11 月 15 日晚；b:New Yord,Syracuse,Philosophy Club；c:不明；d:Philosophy Club 出席者；e:日记。

(135)a:1939 年 11 月 23 日下午；b:New Haven,Yale University,Timothy Dwight College；c:Responsible Thinking(负责任的思想)；d:Dwight College 的学生；e:日记,胡先生传(第 27 页),年谱五(第 1688 页)。

(136)a:1939 年 11 月 23 日晚；b:New Haven,Lawn Club；c:不明；d:Lawn Club 集会出席者；e:日记,胡先生传(第 27 页),年谱五(第 1688 页)；f:关键词④⑥⑧。

(137)a:1939 年 11 月 24 日中午；b:New Haven,中国学生会；c:不明；d:中国学生；e:日记。

(138)a:1939 年 12 月 5 日上午 11 点；b:New York,Town Hall；c:The Present Situation in China；d:美国国民；e:日记,年谱五(第 1690 页),全集第 37 卷(第 562 页)；f:关键词②④⑤⑥⑧,后刊载于 China Monthly,Vol. 1,No. 2,January 1940,pp. 4—5,12—13(西文目录 93 号)。又以"支那の现情势"为题刊登在日本杂志《改造》(1940 年 3 月)上。

(139)a:1939 年 12 月 9 日中午；b:New York,Foreign Policy Association 午餐会；c:不明；d:Foreign Policy Association 出席者；e:日记,胡先生传(第 106 页),年谱五(第 1696 页)。

(140)a:1939 年 12 月 11 日中午；b:Cincinnati,Netherland Plaza,中国救济餐会；c:不明；d:中国救济餐会到场者 925 人；e:日记。

(141)a:1939 年 12 月 29 日中午；b:华盛顿,美国历史协会；c:Modernization of China & Japan：a Comparative Study of Culture Conflict；d:美国历史协会有关人员；e:日记,年谱五(第 1696 页)；f:后刊载于 The China Quarterly,Vol. 5,No. 4,Supplementary Winter 1940,pp. 773—780(西文

目录 183 号）。

（142）a：1940 年 1 月 8 日；b：New York，Brooklyn Institute of Arts & Sciences；c：China & the World War；d：Brooklyn Institute of Arts & Sciences 出席者；e：日记，全集第 37 卷（第 604 页）。

（143）a：1940 年 1 月 12 日中午；b：Philadelphia，Association of American Colleges；c：The World War & the Future World Order；d：Association of American Colleges 的有关人员；e：日记。

（144）a：1940 年 1 月 25 日；b：New York，Associated Broads for the China Colleges 宴会；c：China Christian College and American Friends；d：Associated Broads for the China Colleges 宴会到场者 500 余人；e：日记，年谱五（第 1703 页）；f：后刊载于 IBID，Vol. 30，No. 4，February-March 1940，pp. 1,7－8（西文目录 179 号）。

（145）a：1940 年 1 月 27 日中午；b：New York，Waldorf－Astoria，Cornell Women 年会；c：不明；d：Cornell Women 年会出席者；e：日记。

（146）a：1940 年 3 月 5 日晚；b：Winter Park，Florida，The Rollins Institute on International Relations；c：The Far East and the Future Peace of the World；d：The Rollins Institute on International Relations 出席者；e：日记，年谱五（第 1704 页），全集第 44 卷（第 173 页）；f：后刊载于 *The China Quarterly*，Vol. 5，No. 3，Summer 1940，pp. 399－407（西文目录 180 号）。

（147）a：1940 年 3 月 13 日晚；b：New York；c：Chinese Renaissance；d：Mrs. Murry K. Crane 家的来客；e：日记。

（148）a：1940 年 3 月 26 日晚；b：Los Angeles；c：不明；d：在孝笃亲公所被邀请用餐的客人；e：日记。

（149）a：1940 年 3 月 27 日；b：Los Angeles，Commonwealth Club；c：China After 33 Months Fighting；d：不明；e：日记。

（150）a：1940 年 3 月 28 日下午；b：Los Angeles，University of California；c：不明；d：中国学生；e：日记。

（151）a：1940 年 4 月 7 日 11 点；b：New York，Society of Ethical Cul-

1940 年,胡适在演讲

ture;c:Society Immortality;d:Society of Ethical Culture 出席者;e:日记,年谱五(第 1705 页);f:后以"A View of Immortality"为题刊载于 *An Address at the New York Society for Ethical Culture*,April 7,1940,New York,pp.1—4(西文目录 36 号)。

(152)a:1940 年 4 月 13 日中午;b:Rochester,City Club,N. Y.;c:不明;d:City Club 到场者;e:日记。

(153)a:1940 年 4 月 13 日下午;b:Rochester, N. Y., Salem Church, Fellowship of Reconciliation;c:New Pacificism;d:Fellowship of Reconciliation 到场者;e:日记。

(154)a:1940 年 5 月 1 日中午;b:Washington D. C.,Baltimore,Engineers Club;c:不明;d:不明;e:日记。

(155)a:1940 年 5 月 6 日;b:Washington D. C.,University of Chicago Club 年会;c:不明;d:年会出席者;e:日记。

(156)a:1940 年 5 月 9 日晚;b:New York,Economic Club 年会宴会;c:National Progress and International Anarchy(On General Subject Prosperity and Employment);d:Economic Club 年会宴会出席者;e:日记,全集第 38 卷(第 1 页)。

(157)a:1940 年 6 月 5 日;b:Philadelphia,Bryn Mawr College;c:不明;d:Bryn Mawr College 毕业典礼参加者;e:日记。

(158)a:1940 年 6 月 10 日;b:Philadelphia,Union College;c:Intellectual

Preparedness；d：Union College 毕业典礼参加者；e：全集第 38 卷（第 7 页）。

（159）a：1940 年 9 月 18 日；b：Philadelphia，Rotary Club；c：Sept. 18，An Anniversary of World Anarchy；d：Rotary Club 餐会出席者；e：日记。

（160）a：1940 年 9 月 19 日；b：Philadelphia，University of Penna.；c：Instrumentalism as a Political Concept；d：University of Penna. 有关人员；e：日记。

（161）a：1940 年 10 月 24 日中午；b：New York，The Merchant's Association；c：China Fights On；d：The Merchant's Association 出席者；e：日记，胡先生传（第 107 页），年谱五（第 1710 页），全集第 38 卷（第 68 页）；f：后刊载于 War and Peace Aims of the United Nations，edited by Louise W. Holburn. Boston，*World Peace Foundation*，1943，Vol. 1，pp. 378—379（西文目录 188 号）。

（162）a：1940 年 10 月 24 日下午；b：New York Herald Tribune Forum；c：Saving Democracy in China（China's Part in the Struggle for the Saving of Democracy）；d：New York Herald Tribune Forum 出席者；e：日记，胡先生传（第 107 页），年谱五（第 1710 页），全集第 38 卷（第 78 页）；f：关键词⑦，后刊载于 America's Second Fight for Freedom，Report of New York Herald Tribune 10th Annual Forum on Current Problems at the Waldorf—Astoria，New York，October 22，23，24，1940，pp. 235—238（西文目录 181 号）。

（163）a：1940 年 10 月 24 日；b：New York，Vassar 女子学院国际研究会；c：不明；d：Vassar 女子学院国际研究会出席者；e：年谱五（第 1711 页）。

（164）a：1940 年 10 月 28 日；b：联合大学；c：不明；d：不明；e：胡先生传（第 107 页），年谱五（第 1712 页）。

（165）a：1940 年 10 月 28 日；b：New York，Syracuse city，纽约州教育局长协会；c：不明；d：纽约州教育局长协会有关人员；e：胡先生传（第 107 页），年谱五（第 1712 页）。

（166）a：1940 年 11 月 1 日；b：纽约美国援华委员会及援华医药救济委

员会；c：An Address at the Bowl of Rice Dinner；d：美国援华委员会及援华医药救济委员会有关人员；e：年谱五（第 1712 页），全集第 38 卷（第 85 页）。

（167）a：1940 年 11 月 8 日；b：Massachusetts，Mount Holyoke College & Smith College；c：不明；d：Mount Holyoke College & Smith College 有关人员；e：年谱五（第 1712 页）。

（168）a：1940 年 11 月 14 日；b：Boston；c：不明；d：William Allan White Committee for Defending America by Aiding the Allies；e：日记，年谱五（第 1713 页）。

（169）a：1940 年 11 月 14 日；b：Boston，Harvard Club；c：不明；d：East Asiatic Society 餐会出席者；e：日记，年谱五（第 1713 页）。

（170）a：1940 年 11 月 15 日中午；b：Boston；c：The Place of the Alumni Organization in the History of Universities；d：Cornell Alumni Association 年会出席者；e：日记，年谱五（第 1713 页）。

（171）a：1940 年 11 月 15 日晚；b：Boston，Fletcher School of Law & Diplomacy（Medford，Mass.）；c：不明；d：Prof. George H. Blakeslee 夫妇等；e：日记，年谱五（第 1713 页）；f：在波士顿的 26 小时里，作了 4 次演讲。

（172）a：1940 年 11 月 28 日；b：New York，Town Hall 广播；c：What Kind of World Order Do We Want?；d：电台广播的听众；e：日记，胡先生传（第 108 页）；f：后刊载于 *Town Meeting*，Vol. 6，No. 3，December 2，1940，pp. 4－7（西文目录 182 号）。

（173）a：1940 年 12 月 5 日；b：纽约世界学社；c：Women's Place in Chinese History；d：纽约世界学社出席者；e：年谱五（第 1713 页）；f：后刊载于 The Author's Note（1954，p. 8）："This paper was first read in 1931 before the American Association of University Women in Tientsin，China. A Summary of it was read at a meeting of friends of Ginling College for Women sponsord by Mrs. Dwight Morrow，Mrs. Louis F. Slade，Mrs. Theodore Roosevelt，Jr. and others on December 5，1940 at the Cosmopolitan Club in New York City"（西文目录 43 号）。

胡适在餐会上演讲

　　(174)a：1941 年 1 月 11 日晚；b：New York，Cornell Club，Foundation
Day；c：Ezra Cornell；d：Foundation Day 出席者；e：日记。

　　(175)a：1941 年 1 月 16 日下午 4 点；b：New Haven，Yale University，Art
Gallery 礼堂；c：A Historian Looks at Chinese Painting；d：耶鲁大学有关人
员；e：日记，年谱五（第 1719 页）；f：后刊载于 Asia Magazine，Vol. 41，No. 5，
March 1941，pp. 215－218（西文目录 100 号）。

　　(176)a：1941 年 1 月 17 日下午；b：Hartford Seminary 茶会；c：不明；
d：Hartford Seminary 茶会出席者 100 余人；e：日记。

　　(177)a：1941 年 1 月 23 日；b：New York，China Society 宴会；c：An
Address Before the China Society of America；d：China Society 宴会出席
者；e：日记，全集第 38 卷（第 131 页）。

　　(178)a：1941 年 1 月 27 日；b：New York，Bronxville，Little Forum 宴
会；c：不明；d：Little Forum 宴会参加者；e：日记。

　　(179)a：1941 年 2 月 5 日；b：New York City；c：Ambassador's Re-
marks，William Allen White Dinner；d：William Allen White Dinner 出席
者；e：全集第 38 卷（第 173 页）。

　　(180)a：1941 年 2 月 24 日；b：New York，Amherst；c：China's Fight
for Freedom；d：Amherst College，Political Union 有关人员；e：日记，全集

第 38 卷（第 139 页）。

　　(181)a：1941 年 2 月 6 日；b：New York，the Union League Club；c：Conditions in China and the Outlook；d：the Union League Club 有关人员；e：胡先生传（第 29 页），年谱五（第 1716 页）；f：关键词④⑥。

　　(182)a：1941 年 2 月 15 日；b：Washington D. C.，The Literary Society；c：The Chinese Novel；d：The Literary Society 有关人员；e：全集第 38 卷（第 150 页）。

　　(183)a：1941 年 2 月 25 日；b：New York，The Churchman Dinner in honor of Mr. Wm. Allen White；c：不明；d：The Churchman Dinner in honor of Mr. Wm. Allen White 出席者；e：日记。

　　(184)a：1941 年 2 月 27 日早上；b：Washington D. C.，Atlantic City，Atlantic City，71st Annual Convention of the American Association of School Administrators；c：A New World Order Cometh；d：Atlantic City，71st Annual Convention of the American Association of School Administrators 出席者；e：日记。

　　(185)a：1941 年 3 月 12 日；b：Illinois，University of Illinois；c：Historical Foundations for a Democratic China；d：University of Illinois 有关人员；e：全集第 38 卷（第 181 页）。

　　(186)a：1941 年 4 月 2 日；b：Washington D. C.，Shorcham Hotel，美国首都妇女会；c：Far East Lecture Series；d：美国首都妇女会 1000 人；e：日记。

　　(187)a：1941 年 4 月 7 日；b：纽约，纽约伦理文化协会；c：社会永生；d：纽约伦理文化协会有关人员；e：胡先生传（第 109 页），年谱五（第 1718 页）。

　　(188)a：1941 年 4 月 10 日；b：波士顿，美国艺术科学研究院；c：十七世纪中国哲学的叛徒；d：美国艺术科学研究院有关人员；e：胡先生传（第 109 页），年谱五（第 1718 页）。

　　(189)a：1941 年 4 月 13 日；b：华盛顿的罗斯福特城俱乐部；c：不明；d：罗斯福特城俱乐部有关人员；e：胡先生传（第 109 页），年谱五（第 1718 页）。

胡适接受美国妇女协会的救华活动基金

(190)a：1941 年 4 月 30 日；b：华盛顿的世界博览会展示会场开幕式；c：Dedication Ceremonies for the Bureau Pavilion at the World's Fair；d：世界博览会展示会场开幕式出席者；e：年谱五（第 1718 页）；f：后刊载于 ABMAC Bulletin，Vol. 3，No. 4，April 1941，p. 4（西文目录 184 号）。

(191)a：1941 年 6 月 16 日；b：Middlebury College，Vt. 毕业典礼；c：不明；d：Middlebury College，Vt. 毕业典礼参加者；e：日记。

(192)a：1941 年 6 月；b：Purdue University 毕业典礼；c：Intellectual Preparedness（知识的准备）；d：Purdue University 毕业典礼参加者；e：年谱五（第 1721 页）；f：后刊载于 Layayette，Purdue University，1941，pp. 20—28（西文目录 37 号）。

(193)a：1941 年 7 月 1 日；b：华盛顿；c：关于轴心国承认"汪伪组织"一事；d：不明；e：胡先生传（第 29 页），年谱五（第 1729 页）。

(194)a：1941 年 7 月 8 日下午；b：Ann Arbor，Hill Auditorium；c：The Conflict of Ideologies；d：Hill Auditorium 有关人员，听众约二三千人；e：日记，年谱五（第 1730 页）；f：关键词⑤⑧，后刊载于 The Conflict of Ideologies，The Annuals of the American Academy of Political and Social Science，Vol. 218，November 1941，pp. 26—36［西文目录 103 号，全集第 44 卷（第 197 页）］。

(195)a：1941 年 7 月 9 日上午；b：Ann Arbor；c：American & The Far

East；d：不明；e：日记。

(196)a：1941 年 7 月 22 日；b：Harvard Summer School，Boston；c：Seeking a Plan and a Philosophy for a New World Order；d：Harvard Summer School 有关人员；e：全集第 38 卷（第 249 页）。

(197)a：1941 年 9 月 19 日；b：Cincinnati the Fifty—second Annual Convention of the National Association of Life Underwriters；c：China's Fight for Freedom；d：the Fifty—second Annual Convention of the National Association of Life Underwriters；e：全集第 38 卷（第 274 页）。

(198)a：1941 年 9 月 24 日；b：University of Chicago；c：The Exchange of Ideas between the Occident and the Orient；d：University of Chicago 有关人员；e：全集第 38 卷（第 290 页）。

(199)a：1941 年 10 月 2 日；b：纽约，麦迪逊广场花园，美国联合救济中国难民协会；c：Speech at the United China Relief Rally；d：在美国联合救济中国难民协会主办的"中国广播大会"作了演说。参加者有新泽西州州长 J. Edison、联邦保安部部长、纽约市市长、名作家等以及市民 18000 人；e：胡先生传（第 30 页），年谱五（第 1742 页），全集第 38 卷（第 321 页）。

(200)a：1941 年 10 月 10 日；b：New York，the Columbia Broadcasting Station；c：Soul of the Chinese Revolution（The Historical Significance of the Chinese Revolution）；d：美国国民；e：全集第 38 卷（第 324、330 页）；f：后刊载于 *Sphere*（Monthy from Washington），Vol. 28，No. 5，November 1941，pp. 9—10，35（西文目录 105 号）。

(201)a：1941 年 10 月 10 日；b：New York，the Mutual Broadcasting System；c：China's Greatest Achievement in the Thirty Years under the Republic；d：美国国民；e：全集第 38 卷（第 336 页）。

(202)a：1941 年 10 月 23 日；b：Pittsburgh，the Occasion of Founder's Day；c：Address on the Occasion of Founder's Day；d：on the Occasion of Founder's Day 参加者；e：全集第 38 卷（第 342 页）。

(203)a：1941 年 10 月；b：新泽西州的两院联合会；c：不明；d：新泽西

州的两院联合会参加者；e：《胡适言论集》乙编（第 36 页），年谱五（第 1742
页）；f：这是胡适第一次受到外国立法机关招待。

(204)a：1941 年 11 月 10 日；b：New York，the Jewish Theological
Seminary of America；c：Confucius；d：the Jewish Theological Seminary of
America 有关人员；e：全集第 38 卷（第 375 页）。

(205)a：1941 年 11 月 13 日；b：New Orleans，Louisiana；c：Thrills and
Adventures of Pamphleteering Journalism in Modern China；d：The sigma
Delta Chi Convention 出席者；e：全集第 38 卷（第 394 页）。

(206)a：1941 年 11 月 15 日；b：New Orleans，Tulane University；c：不
明；d：Tulane University 有关人员；e：胡先生传（第 30 页），年谱五（第
1743 页）；f：关键词④⑥。

(207)a：1941 年 12 月 7 日（美国时间为 6 日）；b：纽约，由纽约重要人
物为胡适主办的盛大宴会；c：不明；d：宴会出席者；e：年谱五（第 1747 页）。

(208)a：1941 年 12 月 15 日；b：Toronto，Canada，the Canadian Club of
Toronto；c：China's Power to Fight on；d：the Canadian Club of Toronto 参
加者；e：全集第 38 卷（第 400 页）。

(209)a：1941 年 12 月 19 日；b：华盛顿，由美国中国协会主办的欢迎
中国大使的宴会；c：Our Honorable Enemy；d：宴会出席者；e：年谱五（第
1751 页）；f：后刊载于 *China at War*，Vol. 8，No. 1，January 1942（西文目录
187 号）。

(210)a：1941 年 12 月末；b：美国政治学会年会；c：不明；d：美国政治
学会年会出席者；e：《胡适时论》1 集（第 48 页），年谱五（第 1752 页）。

(211)a：1942 年 1 月 10 日晚；b：New York，at the Educational Policies
Commission；c：The Odyssey of a Chinese University；d：American Educa-
tional Policies Commission 会餐参加者；e：日记，全集第 38 卷（第 417 页）。

(212)a：1942 年 1 月 17 日；b：Philadelphia，Real Estate Board 年会；c：
不明；d：Real Estate Board 年会出席者；e：日记，年谱五（第 1755 页）；f：后
刊载于 Congressional Record Proceedings and Debates of the 77th Con-

gress,Second Session,Washington D. C. ,January 17,1942,pp. 1－2（西文目录 187 号）。

（213）a：1942 年 1 月 19 日中午；b：Detroit,Economic Club 年会；c：Introducing China－Old Friend and New Ally；d：Economic Club 年会参加者；e：日记，全集第 38 卷（第 420 页）。

（214）a：1942 年 1 月 20 日中午；b：Minneapolis,Minn. ,Civic & Commerce Association；c：不明；d：Civic & Commerce Association 有关人员；e：日记。

（215）a：1942 年 1 月 20 日下午；b：Minneapolis,Minn. Nankin 饭馆；c：不明；d：中国学生 30 余人；e：日记。

（216）a：1942 年 1 月 20 日晚；b：Minneapolis,Minn. ,United China Relief Committee 宴会；c：不明；d：United China Relief Committee 宴会出席者；e：日记。

（217）a：1942 年 1 月 22 日；b：纽约；c：Bridge(桥)；d：不明；e：日记。

（218）a：1942 年 1 月 22 日晚；b：New York,Harvard Club；c：不明；d：Harvard Club 有关人员；e：日记。

（219）a：1942 年 2 月 14 日；b：Antioch College,Yellow Springs,Ohio；c：A Philosophy of Life；d：Antioch College 有关人员；e：全集第 38 卷（第 466 页）。

（220）a：1942 年 2 月 19 日；b：the West Coast,Seattle,San Francisco；c：China As a Fighting Ally(中国为一个作战的盟邦)；d：不明；e：年谱五（第 1759 页），全集第 38 卷（第 477 页）；f：关键词①③④⑤⑥⑧。

（221）a：1942 年 2 月 20 日；b：Vancouver B. C. ,2nd Victory Loan Campaign；c：Canada and China as Comrades in War；d：2nd Victory Loan Campaign 出席者；e：全集第 38 卷（第 491 页）。

（222）a：1942 年 3 月 11 日；b：at the Chamber of Commerce dinner at East Orange,New Jersey；c：China's Fighting Strength and Fighting Faith；d：the Chamber of Commerce dinner 出席者；e：全集第 38 卷（第 502 页）。

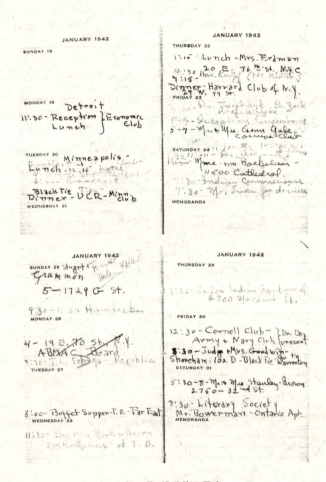

1942 年 1 月,胡适的日程表

(223) a:1942 年 3 月 14 日;b:广播电台;c:Remarks at East－West Association Dinner for India;d:美国国民;e:全集第 38 卷(第 508 页)。

(224) a:1942 年 3 月 16 日;b:before the Economic Club of New York;c:Speech before the Economic Club of New York;d:the Economic Club of New York 出席者;e:全集第 38 卷(第 512 页)。

(225) a:1942 年 3 月 16 日;b:纽约,哥伦比亚大学中国战争救济会;c:This is A Tiny Cloud;d:哥伦比亚大学中国战争救济会参加者;e:年谱五(第 1767 页);f:后刊载于 *Time Magazine*, Vol. 39, No. 11, March 16,

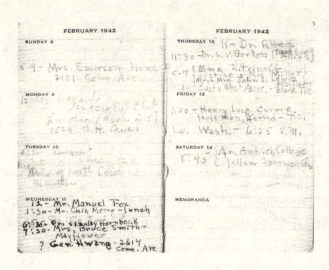

1942 年 2 月,胡适的日程表

1942,p. 32(西文目录 224 号)。

(226)a:1942 年 3 月 22 日;b:Washington D. C.,广播电台;c:Broadcast over Mutual Network;d:美国国民;e:全集第 38 卷(第 528 页)。

(227)a:1942 年 3 月 23 日;b:Washington D. C. ,The Radcliffe Club; c:China,too,is Fighting to Defend a Way of Life;d:不明;e:年谱五(第 1767 页);f:关键词①⑤⑥⑧,后刊载于 San Francisco the Grabborn Press,1942,p. 17(西文目录 39 号)。

(228)a:1942 年 3 月 27 日;b:Annual Dinner,Columbia Law Review, New York;c:Law and Lawyers in Historic China;d:Annual Dinner,Columbia Law Review 出席者;e:全集第 38 卷(第 557 页)。

(229)a:1942 年 4 月 11 日;b:广播电台;c:Broadcast for Opening of United China Relief Campaign;d:在美国的中国人;e:全集第 38 卷(第 571 页)。

(230)a:1942 年 4 月 20 日;b:the Wharton School of Finance and Commerce,University of Pennsylvania;c:China's Place in the Present World Struggle;d:the Wharton School of Finance and Commerce,University of Pennsylvania 学生;e:全集第 38 卷(第 573 页)。

(231)a:1942 年 5 月 4 日;b:华盛顿,广播电台;c:纪念"五四";d:中国国内;e:全集第 44 卷(第 204 页)。

(232)a:1942 年 5 月 12 日;b:the Cosmos Club,Washington D. C. ;c:The Struggle for Intellectual Freedom in Historic China;d:Cosmos Club 有关人员;e:全集第 38 卷(第 603 页)。

(233)a:1942 年 6 月 14 日;b:Boston;c:Speech at the United Nations Rally in Boston;d:美国国民;e:全集第 38 卷(第 611 页)。

(234)a:1942 年 6 月 15 日;b:Wellesley 女子学院;c:Commencement Address at Wellesley College(Looking Forward);d:Wellesley 女子学院毕业典礼参加者;e:年谱五(第 1778 页),全集第 38 卷(第 614、617 页);f:后刊载于 IBID,1943,Vol. 1,pp. 396－397(西文目录 190 号)。

(235)a:1942 年 7 月 7 日;b:华盛顿;c:抗战五周年纪念;d:中国国内;e:年谱五(第 1778 页);f:关键词①④⑤⑥⑧,应美国宣传部的邀请,在美京向国内广播"抗战五周年纪念"。

(236)a:1942 年 8 月 8 日;b:Washington D. C. ,广播电台;c:Extracts of the Remarks of the Chinese Ambassador,Dr. Hu Shih;d:美国国民;e:全集第 38 卷(第 626 页)。

(237)a:1942 年 9 月 2 日开始至 5 日;b:华盛顿大学;c:The United Nations;d:华盛顿大学召开的国际学生大会参加者;e:年谱五(第 1783 页);f:后刊载于 Proceedings of the International Student Assembly, held at the American University,Washington D. C. ,September 2－5,1942,New York,1944,pp. 139－143(西文目录 191 号)。

(238)a:1942 年 9 月 5 日;b:Before the International Student Assembly,Departmental Auditorium,Washington D. C. ;c:Why,What and How?;d:the International Student Assembly;e:全集第 38 卷(第 634 页)。

二、书面形式发表之状况

胡适在担任驻美特使及驻美大使期间，除口头演讲之外，还有大量以书面文字形式的言论发表于各处，罗列如下。其中，英文记载是根据优金·勒·德兰菲尔和袁同礼编的《胡适先生西文著作目录》。

序号	日期	题目	出版状况以及参考依据
1	1937	The Indianization of China：A Case Study in Cultural Borrowing	In：*Independence*，*Convergence and Borrowing in Institutions*，*Thought and Art*. Cambridge, Harvard University Press，1937，Harvard Tercentenary Publications，pp. 219—247. [西文目录 13 号，全集第 44 卷（第 124 页）]
2	1938.1	Chinese View of Immortality	*Hibbert Journal*，Vol. 26，pp. 287—292. [西文目录 87 号，年谱五（第 1629 页）]
3	1938.7	The Westernization of China and Japan	*Amerasia*，Vol. 2，No. 5. [西文目录 89、139 号，年谱五（第 1631 页）]
4	1938.7	The Invasion of China by the Western World, by E. R. Hughes, and Japan in Transition, by Emil Lederer and Emy Lederer	In：*Amerasia*，July 1938. [西文目录 138 号，全集第 44 卷（第 132 页），日本杂志《日本评论》于 1938 年 10 月把胡适的这篇论文翻译成日语"日本と支那の西洋化"进行了刊登]
5	1938.8	What Can America Do in the Far East Situation?	IBID，Vol. 2，No. 6，August 1938，pp. 293—295. Also in：*China Weekly Review*，Vol. 86，September 24，1938，pp. 106—107. [西文目录 90 号，年谱五（第 1632 页）]

续 表

序 号	日 期	题 目	出版状况以及参考依据
6	1938. 11	Preface to the Symposium on Science and the Philosophy of Life (Abstract)	In：*China Institute Bulletin*，Vol. 3，No. 2.［西文目录 148 号，年谱五（第 1654 页）］
7	1938. 12	My Mother	In：*The Bulletin*，published by the Woman's Club of Upper Montclair，New Jersey，Vol. 14，No. 3，p. 6.［西文目录 222 号，年谱五（第 1660 页）］
8	1938. 12	A Vow on Poetry (part of a long poem)	In：*News Is My Job*，by Edna Lee Booker，New York，Macmillan，1939，p. 194.［西文目录 223 号，年谱五（第 1661 页）］
9	1939. 2	On China's Progress	*Missionary Review of the World*，Vol. 62，No. 2，pp. 86－87.［西文目录 92 号，年谱五（第 1664 页），全集第 44 卷（第 145 页）］
10	1939. 6	An Open Letter to the Guardian	Harvard Gardian，Vol. 3，No. 6，pp. 3－4.［西文目录 91 号，年谱五（第 1670 页），全集第 44 卷（第 151 页）］
11	1939	Living Philosophies Revised	In：*I Believe*，ed. by Clifton Fadiman. New York，Simon & Schuster，pp. 375－378.［西文目录 14 号，年谱五（第 1702 页），全集第 44 卷（第 161 页）］
12	1940. 8	Letters to Pearl Buck	*American Bureau for Medical Aid to China*，Vol. 2，No. 7，p. 3.［西文目录 96 号，年谱五（第 1707 页）］
13	1940. 8.29	Letters to Dr. Edward H. Hume. August 29，1940	*Bulletin of the American Asiatic Association*，Vol. 6，No. 6，p. 22.［西文目录 97 号，年谱五（第 1707 页）］

序　号	日　期	题　目	出版状况以及参考依据
14	1940. 10. 20	Political Philosophy of Instrumentalism	In：*The Philosopher of the Common Man*；Essays in Honor of John Dewey to Celebrate his 80th Birthday, New York, G. P. Putnam's Sons, 1940，pp. 205－219. ［西文目录 15 号，年谱五（第 1710 页）］
15	1940	The Modernization of China and Japan	In：*Freedom*：*Its Meaning*，ed. by Ruth Nanda Anshen. New York, Harcourt, Brace & Co.，pp. 114－122. Also in：Cultural Approach to History，ed. by C. F. Ware for the American Historical Association. New York, Columbia University Press，1940，pp. 243－251. ［西文目录 16 号，全集第 44 卷（第 188 页）］
16	1941. 3	America's Stake in China's Struggle	*Front Democracy*，Vol. 7，pp. 169－170. ［西文目录 99 号，年谱五（第 1716 页），全集第 44 卷（第 199 页）］
17	1941. 10	China's Fight for Freedom in Chinese History	*Life Association News*，Vol. 36，No. 2，pp. 136－138，213－215. ［西文目录 101 号，年谱五（第 1742 页），全集第 38 卷（第 354 页）］
18	1941. 11. 3	The Change of Ideas Between the Occident and the Orient	A Case Study in Cultural Diffusion. *Contemporary China*，Vol. 1，No. 12，pp. 1－4. ［西文目录 104 号，年谱五（第 1743 页），全集第 44 卷（第 197 页）］
19	1941	Instrumentalism as a Political Concept（a briefer version of"Political Philosophy of Instrumentalism"）	In：*Studies in Political Science and Sociology*，ed. by the University of Pennsylvania Bicentennial Conference. Philadelphia，1941，pp. 1－6. ［西文目录 18 号，年谱五（第 1752 页），全集第 44 卷（第 198 页）］

续　表

序　号	日　期	题　目	出版状况以及参考依据
20	1941	New World Order Cometh	*American Association of School Administration Official Report for* 1941, pp. 148－153.［西文目录 98 号,年谱五(第 1753 页),全集第 44 卷(第 198 页)］
21	1941	Historical Foundation for a Democratic China	In: Edmund J. James. *Lectures on Government*: Second Series. Urbana, University of Illinois Press, 1941, pp. 53－64. Also in: *Proceedings, Institute of World Affairs: Problems of the Peace*, Vol. 21. Los Angeles,1944－1945,pp. 54－63.［西文目录 17 号,年谱五(第 1752 页)］
22	1942. 2	Pamphleteering Proves Its Power in China	*The Quill*, Vol. 30, No. 2, pp. 5－12.［西文目录 106 号,年谱五(第 1766 页)］
23	1942. 2	For Just Peace in the Pacific	*Free World*, Vol. 2, No. 1, pp. 9－13.［西文目录 107 号,年谱五(第 1766 页)］
24	1942. 3	Our Common Battle	*The American Magazine*, Vol. 132, No. 3, p. 25.［西文目录 108 号,年谱五(第 1776 页),全集第 44 卷(第 203 页)］
25	1942. 4	China's Fighting Strength and Fighting Faith	*China Monthly*, Vol. 3, No. 5, pp. 4－5.［西文目录 109 号,年谱五(第 1776 页),全集第 44 卷(第 204 页)］
26	1942. 5	Peace Has to Be Enforced. India Our Great Teacher	*Asia Magazine*, Vol. 42, No. 5, pp. 263－266,323－324.［西文目录 110 号,年谱五(第 1778 页),全集第 44 卷(第 205 页)］
27	1942. 6. 29	Looking Forword	*Contemporary China*, Vol. 2, No. 3, pp. 2－3.［西文目录 111 号,年谱五(第 1778 页)］

续 表

序 号	日 期	题 目	出版状况以及参考依据
28	1942.8	A Foreword. Foreword for Tagore's Sadhana	August,1942.［全集第 38 卷,第 629 页］
29	1942.9	The Struggle for Intellectual Freedom in Historic China	*World Affairs*, Washington D.C., Vol. 105, No. 3, pp. 170－173.［西文目录 112 号,年谱五(第 1785 页)］
30	1942.10	Chinese Thought	*Asia Magazine*, Vol. 42, No. 10, pp. 582－584. China, ed. by Harley F. MacNair, Berkeley, University of California Press,1946, pp. 221－230.［西文目录 22、113 号,年谱五(第 1785 页)］
31	1942. 12.14	Asia and the Universal World Order	*Contemporary China*, Vol. 2, No. 15, pp. 1－4. Note:Reprinted from Christian Science Monitor.［西文目录 114 号,年谱五(第 1791 页)］
32	1942.12	To Win and Keep the Peace	*The Peabody Reflector*, Vol. 15, No. 11, pp. 406－408.［西文目录 115 号,年谱五(第 1791 页)］
34	1942	Factors Necessary for a Durable Peace in the Pacific Area:A Chinese View	In: *A Basis for the Peace to Come*, ed. by Francis J. Mc Connell and others. New York, abindon－Cokesburg Press, 1942(The Merrick - McDowell Lectures), pp. 115－125.［西文目录 19 号,年谱五(第 1792 页),全集第 38 卷(第 453 页)］

三、演讲活动之分析

　　作为驻美特使及驻美大使,胡适从 1937 年 9 月 23 日到 1942 年 9 月 18 日所作的演讲,就目前所知有 238 件。其中 35 篇是以演讲内容为基础整理而成发表于杂志的。除此以外,仅以论文形式发表的有 34 篇。

　　1938 年 7 月 11 日在 Port Arthur 作的演说中,正如胡适自己所说"我在美国九个月,无他成绩,只能力行'无为'而已",胡适作为驻美特使在美国逗留的时间实际上仅有九个月,他的外交活动主要是向美国社会诉说中国的抗战状况等。在此九个月期间的演讲次数为 98 次,此后,如果加上回国途中(1938 年 8 月)经由英国时作的 4 次演讲,总共为 102 次。特别是在 1938 年 1 月 25 日(演讲 No.19)到 7 月 11 日离开美国这段时期内,集中地进行了演讲活动(78 天,累计 84 次以上)。例如,他在 1938 年 3 月 1 日的日记里,计算了 1 月 24 日从纽约出发之后到这天为止的旅程是 10600 英里,3 月 16 日的日记里,计算了到这天为止是 51 日的行程作 56 次的演讲,把演讲的地点和次数都列成了表。在次日 3 月 17 日的日记里,记了"这是我此行第五十七次演说"。胡适在不足两个月的时间里作了 57 次演讲。

1938 年 9 月,胡适就任驻美大使之后,更广范围地进行了外交活动。蒋介石交给他的主要任务有三个:①中立法;②财政援助;③阻止日本军用品的出售。胡适在努力完成任务的同时,一直坚持演讲,但次数不多。在 1940 年 6 月 26 日宋子文去美国之前,胡适所作的演讲次数只有少数的 56 次。那是因旅途过度劳累,从 1938 年 12 月 5 日开始在医院住了 77 天(参见演讲 No.107)。

胡适从 1938 年 9 月就任大使以后的一年零九个月时间里所作的演讲,比作为驻美特使的一年的演讲活动要少 46 次。但自从与之不太合拍的宋子文去美国以后,蒋介石所交的任务执行起来不太方便[1],胡适的演讲活动又有所增加。(演讲 No.157,1940 年 9 月 18 日以后)到 1942 年 9 月大使离职前约两年间,演讲次数达 80 次。

例如,胡不归说:"(1940 年)10 月下旬,赴美国东部纽约,波士顿等各城市作广泛的旅行演说。"[胡先生传(第 107 页),年谱五(第 1710 页)]又,1942 年 5 月 17 日,胡适给翁文灏和王世杰信中说:"今年体气稍弱,又

---

〔1〕 胡适与宋子文的关系有些微妙。例如,胡适在 1940 年 8 月 15 日的日记中写道:"毫无耐心,又有立功的野心,来了若无大功可立,必大怨望。"再在 1942 年 5 月 19 日的日记中写道:"自从宋子文做了部长以来(去年 12 月以来),他从不曾给我看一个国内来的电报。"

胡适与留美中国学生

The Ninth Annual C... ference

OF THE

Chinese Students' Alliance, Eastern Stat... U.S.A.

The annual Chinese Students' Conference is an institution too familiar to the Chinese students in America to require any introductory description. A greater number of our students now present in this country, and almost all of those who studied here in the last eight or nine years and have returned home, have attended the annual conference at one time or another and enjoyed its hours of merriment, social and athletic, as well as its hours of serious discussions and discourses, literary and political. To the Chinese student in America, the annual conference has become an institution of such social and intellectual significance that to attend this annual gathering constitutes a necessary part of his experience while studying in the United States.

In the past years, eight conferences have been held in different universities and colleges in the Eastern States, and many are those who have witnessed their success. This year, through the hospitality of the authorities of Cornell University, the Chinese students of the Eastern States have been accorded the privilege of holding their Ninth Annual Conference at Ithaca. Cornell, as we all know, has one of the most beautiful campuses among universities in this country. With its hills and its lakes, its gorges and cataracts, Ithaca is environed with exceedingly exquisite natural scenery, which becomes particularly attractive in summer. The facilities in regard to accommodations of all sorts offered to us are satisfactory in every way to meet the requirements of the conference. Sage College, used during the academic year as a dormitory for women, will accommodate our delegates with its very well furnished rooms. In this building, there is a spacious dining room which seats about 250 people. Besides, the beautiful parlors, as befitting a ladies' dormitory, will be thrown open to us for our social enjoyments. The building is

6

胡适在留美中国学生大会上的发言稿

旅行一万六千英里,演讲百余次,颇感疲倦。六月以后,稍可休息。我在此三年不曾有一个 weekend,不曾有一个暑假,今夏恐非休息几天不可了。"[年谱五(第 1777 页)]因此,这年(1942 年)到 5 月为止实际上在半年不到的时间里,就作了 100 多次的演讲。胡适在离大使任之前约两年时间里,其演讲次数,以笔者所知为次,可能只相当于实际演讲次数的一半左右。在驻美大使最后两年任期间,胡适不辞劳苦地作了那么多次的演讲,其疲劳程度是不难想象的。

1942 年 9 月 8 日,行政院国务会议决议,准许了驻美大使胡适的辞职,魏道明继任了驻美大使。胡适于 1942 年 9 月 18 日上午 11 点告别双橡园(大使馆),离开了华盛顿。

胡适演讲的对象,波及各种各样的阶层,有国会、州议会等政治界的要人,银行领导人等商业界的要人,也有市民团体、宗教团体、中国抗日战争支援团体等普通市民,还有新闻记者、广播电台等媒体有关人员以及住在美国的其他中国人和中国留学生。其中面向大学教员和大学生所进行的次数比较多。向美国国民播放的广播至少有 16 次。胡适进行演讲的地方,主要分布在美国的东海岸和西海岸,特别是在纽约、华盛顿、密歇根、加利福尼亚、宾夕法尼亚、马萨诸塞等州比较多。同时,还波及加拿大的从西到东的广大范围。

演讲的内容主要在以下八个关键词与话题上:①九国条约(世界新秩序、国际新秩序、新国际主义、新世界道德);②自杀愚行(日本切腹);③福奇谷作战(Valley Forge);④苦撑待变;⑤为世界作战,为民主国家作战;⑥民族生存,抵抗侵略;⑦美国的国际领导权;⑧日本的侵略行为;等等。

四、演讲内容的关键词寻索

胡适的演讲从内容方面来分析,可以看出胡适的演讲有贯穿始终的东西。例如,正像佐藤一树所说的那样,在"胡适的对美宣传"活动中,主要是"说明中国战争的目的"和"期待美国所应起的作用"这两个内容。[1]

笔者在这两点的基础上，还想进一步强调：向美国持续呼吁日本侵略的事实和中国的抗战决心，也是胡适演讲的主要着眼点。如果更详细地分析胡适演讲的主要关键词与话题，则可举以下八项：①九国条约（世界新秩序、国际新秩序、新国际主义、新世界道德）；②自杀愚行（日本切腹）；③福奇谷作战；④苦撑待变；⑤为世界作战，为民主国家作战；⑥民族生存，抵抗侵略；⑦美国的国际领导权；⑧日本的侵略行为。

以下，就各项目进行简要说明：

1. 九国条约

这是胡适在演讲中强调最多的言词。其实，胡适早在 1936 年 8 月出席在美国 Yosemite 举行的第六次太平洋国际学会大会上，在哈佛大学作演讲时就反复强调过。在当时的演讲中，胡适指出："九国公约的成立使得太平洋有关系的各国有了十年的相安"，可是，"九一八以后的种种暴行毁坏了那一套保证日本霸权的国际机构"等。这一发言指出了由日本引起的"九一八"事变破坏了远东甚至全世界的秩序。此后，胡适在任驻美特使做对美宣传时，在演讲中也反复提起了"九国条约"。例如，1937 年 11 月 13 日题为"远东冲击后面的问题"的演讲（演讲 No. 9）中，"在华府签订的'九国公约'，保证中国的独立、领土与行政权的完整，并予以机会借以充分发展一个安定与有效的政府"，指出是日本军阀以及承认了日本军阀的日本政府打破了这个新世界秩序。同时，痛斥日本是"第一号敌人"，必须承担破坏世界新秩序的责任。

2. 自杀愚行

这是胡适针对日本的侵略行为早于 1935 年就开始使用的言词。1935 年 6 月 27 日，在给朋友王世杰的信中说道："日本固然走上了全民族切腹的路，可惜中国还不配做他们的'介错'。上文所述的策略只是八个

---

〔1〕 佐藤一树：《国民使节胡适の対米宣伝活動に関する考察—1937 年～1938年—》，《中国研究月报》，东京中国研究所，2006 年 5 月。

字：日本切腹,中国介错。"[1]胡适把持续着侵略行为的日本的末路称为
"日本切腹"。又在1939年12月5日题为"中国目前的情势"的演讲(演
讲No.136)中,指出"这是日本一大悲剧。一个伟大的国家轻易地抛弃了
六十年来光辉灿烂的成就从事一个大规模的自杀愚行"。胡适把日本的
侵略行为比喻成"日本切腹","自杀愚行"。

3. 福奇谷作战

胡适在演讲中反复使用了这个言词。1938年12月4日的演讲(演讲
No.106),应该是胡适第一次引用了美国历史学家John Fiske著作《美国革
命》中的"福奇谷作战"。胡适在这次演讲中,称美国革命的成功,是因为华
盛顿军队忍受了在福奇谷的艰苦以及当时的国际形势有利于美国。并且,
简单明了地向美国国民陈述了中国的抗日战争和美国革命是同样的状况。

又如,在1942年2月19日题为"中国为一个作战的盟邦"的演讲(演
讲No.218)中,也引用了"福奇谷作战"的事例。胡适引用"福奇谷作战",
是为了更好地向美国国民和美国政府说明中国的现状。就是说,现在的
中国人民正像"福奇谷作战"一样在艰难地战斗,同时也对中国的抗战寄
予了最终必定能像美国革命一样成功的期待。

4. 苦撑待变

关于中国的抗战决心,胡适经常使用这个言词。例如,在1938年8月
的"What Can America Do in the Far East Situation?"论文(论文No.5)中,胡
适指出:"我们自己要先咬牙苦撑,不要先打算盘。"在1938年12月4日题
为"北美独立和中国战争"的演讲(演讲No.106)中,胡适说道:"中国抵抗侵
略者战争的最后胜利也一定要依靠两件事:第一,中国必须继续作战;第
二,在这漫长的时间中,国际情势转变对中国有利,对其敌人不利的时候一
定会到来的。"在1942年2月19日题为"中国作为作战的同盟国"的演讲
(演讲No.218)中也提到了同样言词。可以看出,胡适所说这个言词的意思

---

[1] 胡颂平编著:《胡适之先生年谱长编初稿》第四册,台北联经出版事业股份有限公司,1984年,第1388页;拙论《〈日记〉から见た日中战争期における胡适の主张の变化—主和から主战へ—》,《中国哲学》第35号,2007年,第58页。

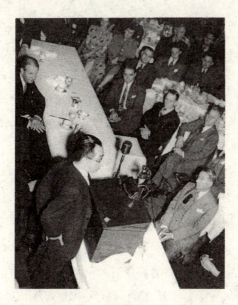

胡适在美国作演讲

是,中国目前正处于困难时期,但将来国际形势必定能变为对中国有利。这也是面向中国国内诉说,给国内人民予以勇气和希望的言词。

5. 为世界作战,为民主国家作战

胡适在演讲中多次提到"中国为世界,为民主国家作战"的言词。例如,在 1937 年 10 月 1 日题为"远东冲击后面的问题"的演讲(演讲 No. 9)中,指出:"所以中国在某种意义上说来是为整个世界作战的。"在 1938 年 8 月的"What Can America Do in the Far East Situation?"论文(论文 No. 5)中,指出:"我们这次可以说是为世界作战,至少是为民主国家作战。"又在 1939 年 12 月 5 日题为"中国目前的形势"(日文译"支那の現情勢",英文为"The Present Situation in China")的演讲(演讲 No. 136)最后,总结道:"中国在这三十个月来,可以说是为文明和爱好和平的世界作战。这是中国抗战更大的历史意义。"这个"为世界作战,为民主国家作战",是胡适就中国抗日战争的意义,向世界所发出的一个重要口号,指出中国的抗日战争绝不是一地区的纠纷,而是为了全世界的一个作战。

6.民族生存,抵抗侵略

胡适从 1937 年 9 月开始,先作为驻美特使,而后从 1938 年 9 月开始作为驻美大使,在美国所作的演讲中多次提到的言词是"民族生存"和"抵抗侵略"。例如,在 1937 年 9 月 26 日题为"中国抗战的意义和将来"的演讲(演讲 No.2)中,称赞在第二次"上海事变"中中国军队"就算全军覆没也没有一个后退"的奋勇战斗,"是从困苦和牺牲中诞生了的民族生存的精神。可以使全世界知道我们寻求生存的强烈精神"。

1937 年 10 月 1 日(演讲 No.5),胡适在哥伦比亚广播电台广播时,指出:"中国人民目前为保卫自己抵抗侵略。"在 1937 年 11 月 13 日题为"远东冲击后面的问题"的演讲(演讲 No.9)中,说道:"中国抗日的情绪和行动就是愤恨和抗拒日本侵略的表现","所以我说中国为生存而战并不是夸大其辞"等。胡适反复向美国国民呼吁,中国是为了民族的存亡而抵抗日本侵略的。

7.美国的国际领导权

1937 年 10 月 1 日(演讲 No.5),胡适在哥伦比亚广播电台向美国国民广播时,非常期待美国能担起国际领导权来阻止战争,阻止侵略。又在 1940 年 10 月 24 日下午题为"Saving Democracy in China"的演讲(演讲 No.160)中指出,未来的国际机构,如果美国不在就会失败。他强烈地期待着美国的领导权。

8.日本的侵略行为

胡适在演讲中多次指出日本的侵略行为。例如,在 1937 年 11 月 13 日题为"远东冲击后面的问题"的演讲(演讲 No.9)中,指出:"那六年期间日本得寸进尺,贪求无厌,非达其占领等于欧陆五分之一的中国全部,势难停止。"又指出:"1932 年元月,日军进攻上海,作战 40 天,死亡 12 万人,毁坏财产估计为 4 亿美元。"胡适以具体的数据来揭示日本侵略事实。在 1939 年 8 月 10 日题为"中国抗战的展望"的演讲(演讲 No.119)中,指出"也不想强调日军在南京大屠杀和各地毒害沦陷区民众中所表现道德沦丧的事"等,把日本的侵略行为如实地向美国人民陈诉。

第四章
作为特使与驻美大使之胡适的
演讲活动之意义

关于胡适在抗日战争时期由"主和"向"主战"转变的主张变化[1]以及他的和平主义思想与《墨子·非攻》篇的关联[2],在前文已经阐明。

胡适自全面支持战争之后,抱着彻底抗战的决心于 1937 年 9 月作为驻美特使赴美,正式开始了宣传活动。此后 1938 年 9 月 17 日,他被任命为驻美大使,正式进行对美外交活动。笔者认为胡适的对美外交活动最应该注视的是他的演讲活动。如莫高义所言:"胡适在完成任务的过程中,都以演讲为重要的工作手段的。"[3]在中国大陆和台湾地区以及美国,对胡适在担任驻美特使以及驻美大使期间的活动有一些研究。然而,

---

〔1〕 胡适从 1931 年 9 月 18 日日本关东军挑起"柳条湖事件"开始,到 1937 年 8 月 6 日,由于中国的军事力量不如日本,基本路线是主张议和。但是,中间 1935 年 6—7 月萌发了抗战的决心。至 1937 年 8 月 13 日,看到了上海的"八一三"抗战中的中国军队勇敢抵抗了日本军的情景,毅然扔掉了议和主张抗战,从而变为彻底地全面地支持对日抗战。参见拙论《〈日记〉から见た日中战争期における胡适の主张の变化—主和から主战へ—》,《中国哲学》第 35 号,2007 年,第 68 页。

〔2〕 墨子按《非攻》上、中、下篇的顺序展开讨论的过程,与胡适由做主和努力到彻底抗战的这个观点转变的经过,可以认为是同样的。同样是和平主义者的两人,尽管主张反对战争或者主张议和,但最终却容许了战争这样的过程,可以看出有某种矛盾的存在。两者结果都不能避开战争,不仅容许了战争。抗战思想一旦觉醒了,两者都成了战争的专家。墨子呢,想出防卫术,以集团为单位进行战争行为。而胡适设想了周密的作战方针,引导政府的首脑部门,自己也在外交上,在美国这个最重要的国际舞台上作出实绩,发挥了战略智慧。参见拙论《胡适の〈墨子·非攻篇〉研究と战争观》,《中国哲学》第 38 号,2010 年,第 51 页。

〔3〕 莫高义:《书生大使——胡适出使美国研究》,广东人民出版社,2006 年,第 210 页。

作为抗日战争的当事者，当时是中国敌国的日本，到最近为止，关于胡适在美国的演讲，在日本国内研究并不多。了解胡适的演讲在日本的反应以及对日本的影响，就可以知道胡适对日美开战所起的作用。而在日本，这重要的问题却被忽视了。[1]

　　笔者在此试图通过探讨胡适的活动对日本以及对日美开战所产生的影响，来验证被忽视的胡适的美国演讲活动的意义。

一、先行研究与研究状况

　　关于胡适的演讲活动以及外交活动的研究，在中国大陆和台湾地区以及在以美国为中心的海外，已经有了许多著述。但在此，笔者仅阐述与本著相关的最重要的六个先行研究。关于胡适演讲活动的先行研究的具体内容，在前文《绪论》中已经说明，在此只列出作者与书名或是论文名。第一，张忠栋在《胡适五论》一书中，对胡适的演讲活动作了详细介绍。第二，余英时在《重寻胡适历程——胡适生平与思想再认识》一书中，对于胡适的演讲活动所产生的效果评价说："他年复一年地四处演讲究竟发挥了多大的实际效果，这是无法精确估计的。"余氏还提及了日本方面对于胡适演讲活动所作的反应。第三，莫高义在《书生大使——胡适出使美国研究》一书中，对胡适在驻美期间的演讲活动记载得很详细，并高度评价了胡适的演讲活动。第四，陈永祥在《胡适、宋子文与抗战时期美援外交》一文中，对胡适的演讲活动作了论述。

　　日本方面有关胡适的演讲活动研究，主要可举绪形康的《记忆は抵抗する—驻米大使、胡适の抗日战争—》和佐藤一树的《国民使节胡适の对米宣传活动に关する考察—1937年～1938年—》两个研究。只是佐藤氏的分析和考察，正如论文标题中所写，仅限于对胡适在驻美特使（国民使

---

[1]　绪形康：《记忆は抵抗する—驻米大使、胡适の抗日战争—》，《现代中国研究》第12号，2003年，第21页。

节)期间(1937—1938 年)的研究。

至今为止的研究中,除日本以外的先行研究,关于胡适的演讲内容日本方面是怎么刊载的、日本的报纸是如何报道胡适的外交活动等问题,还没有详细的研究。佐藤氏主要对作为驻美特使(国民使节)的胡适的演讲活动做了研究,但是,本著不仅仅要考察佐藤氏所提到的作为驻美特使(国民使节)的胡适的演讲,也想考察作为驻美大使的胡适的演讲活动。为了详细检验日本媒体是如何报道胡适的演讲的,除了日文资料的先行研究,即除了佐藤氏与绪形氏的研究中所言及的演讲报道和演讲文稿以外,笔者还以当时的报纸与杂志为基础材料,试着对在日本刊登的胡适演讲文稿(日文)的中文翻译与英文翻译进行比较。同时,笔者还想对新发现的涉及当时的胡适的日本杂志、报纸报道等进行详细介绍,以试图分析当时日本方面的反应。

二、关于日本杂志刊登的胡适的演讲内容

在笔者所能查找到的范围内,日本的杂志所刊登的胡适的演讲内容全文就有四篇:

①《支那抗战の意义と将来》(笔者按,此演讲仅存日文),《文艺春秋》第 16 卷第 1 号,1938 年 1 月 1 日。

②《日本と支那の西洋化》(《日本与中国的西化》),《日本评论》第 10 号,1938 年 10 月。

③《支那の现情势》(《中国目前的情势》),《改造》第 3 号,1940 年 3 月。

④《战争は未だ续く》(《我们还要作战下去》),《改造》第 4 号,1940 年 4 月。

有关《支那抗战の意义と将来》这一篇,因为佐藤一树在《国民使节胡适の对米宣传活动に关する考察—1937 年～1938 年—》一书中已经作了详细介绍,而且这一篇只有日文的资料,英文演讲和中文原文都没有留下,所以在此就不做翻译的比较了。再者,因为重点要理解主张的变化,从时间

上看,从后面的开始比较,也更容易理解。以下即先来看看最后一篇演讲。

1.《战争は未だ续く》(我们还要作战下去)

这是 1939 年 10 月 30 日,胡适在纽约的美国中国协会(China Society in America)上所做的演讲。这个演讲的英文稿"We Are Still Fighting"发表在美国的《中国杂志》(*China Magazine*,Vol. 16,No. 16,February 1940,pp. 4－6)上。日本杂志《改造》在正文的前面加了如下的说明:"这篇文章,是集录了一九三九年十月三十日,胡适在纽约的美国中国协会上做的演说。这是闭目于世界的新秩序依然恋恋不忘旧秩序的重庆政府呼吁第三国来介入事变的挣扎的表现。"日本杂志称胡适的演说是重庆政府的意向,是"闭目于世界的新秩序依然恋恋不忘旧秩序的重庆政府呼吁第三国来介入事变的挣扎的表现"。从"闭目于世界的新秩序"这个表现中可以看出,日本自己规定了所谓的"世界新秩序",而说中国没有服从,可见日本是想将侵略中国正当化。请细读一下其原文:

首先,从结构上看,日文翻译把胡适的演讲内容分成 17 段来刊载。英文也分为 17 段,而中文分为 19 段。虽然日文翻译和英文的段落数相同,但分段之处不同。中文的第 3 段,日文翻译把它分成了 3、4 两段。中文的第 4、5 段,日文翻译又把它们合并成了第 5 段。中文的第 13 段,日文翻译把它分成了 13、14 两段。中文的第 14、15 段,日文翻译欠缺。中文的第 16、17 段,日文翻译成了第 15、16 段。中文的第 18、19 段,日文翻译成了第 17 段。试看以下略表:

中　文	日文翻译	英　文
第 1 段	第 1 段	欠　缺
第 2 段	第 2 段	第 1 段
第 3 段	第 3 段	第 2 段
	第 4 段	
第 4 段	第 5 段	第 3 段
第 5 段		第 4 段
第 6 段	第 6 段	第 5 段

续　表

中　文	日文翻译	英　文
第 7 段	第 7 段	第 6 段
第 8 段	第 8 段	
第 9 段	第 9 段	第 7 段
第 10 段	第 10 段	第 8 段
第 11 段	第 11 段	第 9 段
第 12 段	第 12 段	第 10 段
第 13 段	第 13 段	第 11 段
	第 14 段	第 12 段
第 14 段		第 13 段
第 15 段		第 14 段
第 16 段	第 15 段	第 15 段
第 17 段	第 16 段	第 16 段
第 18 段	第 17 段	第 17 段
第 19 段		

　　再试看关于日文翻译的欠缺部分。中文的第 14、15 段,在日文翻译中却欠缺了。原文究竟是怎样的内容?

　　中文的第 14 段里有:"日本在中国挑起战争先后八年之久,最近公开和继续下去的战争也进行了二十八个月之久。中国抗战决心的坚定是不需要我向列位同情和开明的人赘述的。这次战争非到中国获得公平和荣耀得和平是不会终止的。"英文演讲的第 13 段里有:"Japan's war in China has been going on for more than eight years. Its latest phase of open and continuous hostilities has been going on for 31 months. After 31 months, China's resistance is as determined as ever before, and the war will go on for many months and possibly years to come and will be ended only when China can be assured of a just and honorable peace. "只是由于杂志发表时期的关系,"二十八个月"的部分成了"31 months"。

　　中文第 15 段的内容是:"我也不需要向列位赘述敌人泥足愈陷愈深,急想结束他们所谓'中国事件',因为即使没有前线的接触,日军每日都要

损失一千人,而其黄金储存量两年来也大为耗损。"英文第 14 段内容是:
"It is not necessary to remind you that our enemy is bogged down more and
more deeply and has shown some anxiety to terminate the so—called"Chi-
na Incident" which has cost Japan a million casualties, is killing, 1,000 of
her men a day without a major frontal battle, and has exhausted her gold
reserve in two years. "

在第 14 段,胡适讲述了中国非到获得公平和荣耀得和平是不会终止
的,表明了中国持续抗战的决心,也正是这个演讲的宗旨"We Are Still
Fighting"。同时,在第 15 段,胡适举了日军每日都要损失 1000 人这样的
人员损失以及日本的黄金储存量两年来也大为耗损的经济损失。从这两
个段落的内容来看,全都是日军以及日本政府不想让日本国民知道的事
实。日本国民如果知道自国的军队每日死亡 1000 人以及自国的黄金储
存量减少的事实,会令他们感到战争就发生在身边这样的真实感受,会使
他们产生厌战的心理。

胡适的演讲是在 1939 年 10 月 30 日举行的,英文演讲稿的发表时间
是在 1940 年 2 月,而发表在《改造》上的日文翻译是 1940 年 4 月出版的,
从时间上看,这两段的内容应该可以从演讲当天的内容以及 1940 年 2 月
《中国杂志》发表的英文演讲稿中确认到,但日文翻译却省略了这两段,可
以说是日本方面有意删除的。在日本以及日本国民看来,此次战争,中国
也会像甲午战争时一样很快屈服。但胡适说"这次战争非到中国获得公
平和荣耀得和平是不会终止的",也是在向日本表明中国不放弃抗战的坚
强意志。如果日本国民知道了中国的这个决心,那么也会让他们知道这
个战争将会变得长期化、泥沼化,也同样会使他们增加厌战心情。可以推
测:对日本来说,如果举出对自己不利的事实,会给日本国民带来坏影响,
所以就把这个事实给删除了。

除了上述两个段落以外,还有其他欠缺的部分。如中文的第 10 段和
英文的第 8 段里有:"于是决定在中国获得安定和强盛之前要粉碎国家主
义的中国。"(They were determined to crush nationalistic China before it

could attain stability and strength.）但日文翻译的第 10 段，略去了这一短文。同时，英文和中文里有："日本脱离国联时候，有位德国部长在日内瓦向日本代表说：'我们认为贵国这样做是不对的，可是我们感谢贵国所创立的先例。'（We don't think you are right，but we thank you for your good example.）"而日文翻译的第 12 段却成了："日本脱离国联时候，有位德国部长在日内瓦向日本代表说：'我们感谢贵国所创立的先例。'"而漏掉了"我们认为贵国这样做是不对的，可是"这一句。从这也可以看出，日本不想承认自己的做法（侵略）是错误的这个事实。当时的德国是日本的同盟国，但却被同盟国的德国指出"这样做是不对的"。德国部长还说"我们感谢贵国所创立的先例"，就是说，即便德国仿效日本进行侵略行为，就算在国际上受到责备，也可把其责任轻松地推到日本身上，因为创作了先例的是日本。同时，日本政府和军部因为不想让日本国民注意到全世界是怎样看日本行为的，所以故意把它删掉了。

还有，在第 13 段末，英文和中文里有："这种新秩序，阿本德（Hallett Abend）恰当地称之为'东亚新混乱'。"（In the place of this international order，Japan's militarists are trying to set up the"New Order"of East Asia，which Mr. Hallett Abend has aptly call"the New Disorder".）但日文翻译却略掉了。从这也可看出，日本不仅自己破坏了国际秩序，还打算将他们制作的所谓"东亚新秩序"正当化。

并且，在第 17 段末，英文和中文里有："为什么呢？因为日本军国主义者对他们的侵略还没有悔意，因为到现在日本国内外还没有一个力量可使这些军国主义者恢复理智和逼他们接受公平和持久的和平。"（Why？Because the Japanese militaristic caste has not yet repented their aggressive policy，and because so far there is no power，either inside Japan or else-where in the world，which can bring that militaristic caste to its senses and make it accept a peace that will be just and endurable.）而日文翻译中只有："何故かと申しますならば、日本主義者達は未だ彼等の政策を后悔していないからであります。"（为什么呢？因为日本主义者们对他们的

政策还没有悔意。)首先,日文翻译中把"侵略"(aggressive policy)这个词只翻译成单纯的"政策"。同样可以看出,日本不想承认自己的行为是侵略行为。而且,日文翻译中略掉了的"因为到现在日本国内外还没有一个力量可使这些军国主义者恢复理智和逼他们接受公平和持久的和平"这一句,是批判日本军部的言词,估计对于日本军国主义者们来说,是无法接受的记述,所以就被删掉了。

另一方面,在日文翻译的用词中,也能看到差异。在中文的第 2 段中有以下的言词:"一、日本帝国主义与中国国家主义合理的希望之冲突;二、日本军国主义与一个世界新秩序的道德限制之冲突。"英文如下:"(1) the clash of Japanese imperialism with the legitimate aspirations of Chinese nationalism, and (2) the conflict of Japanese militraism with the moral restrictions of a new world order."日文翻译如下:"一、日本と正当な支那国家主義との冲突。二、日本と新世界秩序の道德的拘束。"其中,"日本帝国主义"(Japanese imperialism)只被译成了"日本";"日本军国主义"(Japanese militraism)也只被译成了"日本"。可以看出,日本不想使用像"日本军国主义"和"日本帝国主义"这样的言词。中文的第 10 段和英文的第 8 段里有:"日本军人尤其是少壮派老早就认为日本有统治东亚甚至全世界的神圣任务。"(These militarists, and in particular the young officers, could not and would not tolerate China's endeavors to build up a unified and modernized state.)而日文翻译如下:"日本は久しく日本が东洋のみならず世界を支配せんとの神圣なる使命を持つものであると信じているのであります。"把"日本军人尤其是少壮派"(These militarists, and in particular the young officers)单纯翻译为"日本"。由此可见,日本对军人,特别对年轻军人给予了考虑。

2.《支那の现情势》(中国目前的情势)

1939 年 12 月 5 日,胡适在纽约市礼堂演讲了"The Present Situation in China"。此演讲后刊载于美国的《中国月刊》(China Monthly, Vol. 1, No. 2, January 1940, pp. 4−5, 12−13)上。日本杂志《改造》于 1940 年 3 月也以

日文翻译《支那の现情势》刊登了胡适的这个演讲。

《改造》的日文翻译，正文前按语说："本文是驻美中国大使胡适，去年十二月五日在纽约市礼堂作的演说。"可知这个日文翻译也是基于美国的《中国月刊》的报道。按语还说："内容照例是（中国）单方面东西，是中国为了得到最后的指靠——美国的同情，（这个演讲）是了解中国尝试怎样宣传的好资料。"可知日本对胡适的这次演讲保持了冷淡的态度。但是，正如其所说明的那样，要"得到美国的同情"，对中国来说，确实是非常重要的外交课题。同时，如日本所说"（这个演讲）是了解中国尝试怎样宣传的好资料"，可见日本方面对胡适的演讲其实还是很感兴趣的。

从结构上来看，原文的英文演讲有 39 段（中文因为有一部分省略，所以只有 33 段），日文翻译与英文演讲在内容上有一部分不同，但是段落数同是 39 段。日文翻译也漏掉了一部分。例如，英文的第 4 段（中文的第 4 段）里有："It is estimated by conservation neutral observers that, on the various fronts taken together, Japan has been and is losing at least from 800 to 1,000 men every day, without any major frontal battles. That is about 300,000 to 360,000 men in year."（据保守的中立观察家估计说，即使不发生大会战，日军在各战场每天损失达八百至一千人，等于一年损失三十至三十六万人。）日文翻译将此漏掉了。在这里，胡适说"日军在各战场每天损失达八百至一千人，等于一年损失三十至三十六万人"，这对日本来说是不利的。因为根据日本国内的报道等来看，日军在中国战场上是胜利的。日本国民也　直以为自己的军队打的应该是胜仗，但这个死亡人数的估计，将会使日本国民十分吃惊。同时，恐怕也是由于同样的理由，英文和中文的第 5 段里有"Japanese dead were estimated at 30,000"（日军死亡三万人之多）这一句，而在日文翻译的第 5 段中却被漏掉了。

英文的第 9 段（中文第 8 段）里有："Nor shall I stress the moral depravity of the Japanese fighting forces as evidenced in their conduct in occupied areas in China, or in their peculiarly Nipponese method of conquest by poisoning the conquered population by army — controlled traffic in highly concentrated narcotics."（我不想强调日军在南京大屠杀和各地毒害沦陷区民众中所表现道德沦丧的事。）但是,这在日文翻译的第 9 段中却被漏掉了。日本侵略中国的"大义名分",是标榜着"要把中国以及东亚从英美和欧洲列强中解放出来",但是日军在中国各地杀害无辜民众的事实,当然不想被本国人民所知。

　　同时,英文的第 15 段（中文第 9 段）里有"By the end of 1938, there was already 3,160,000,000 yen's worth of new bonds left in the hands of the banks"（到一九三八年末,已经有三十一亿六千万日元的新公债还留在各银行里,无法售出）这一句,而日文翻译又漏掉了。英文的第 16 段（中文第 10 段）里有:"Moreover, the war has necessitated the drastic curtailing of Japanese exports, which has led to the unfavorable balance of trade. And the imports of ammunitions and of raw materials for the war industries must be paid in gold."（更有进者,日本为购买战争物资使进口额远超过出口额。入超额须以黄金偿付。）但日文翻译中只有"而要进口军需品及军需工业资材,全部要用黄金来支付",而漏掉了"Moreover, the war has necessitated the drastic curtailing of Japanese exports, which has led to the unfavorable balance of trade"（更有进者,日本为购买战争物资使进口额远超过出口额）这一句。可以认为,这是日本为了隐瞒贸易收支不平衡的事实。而且,在英文第 16 段（中文第 10 段）里,列了日本向美国支付的黄金总额表。

Japanese Gold Sold to the U. S. A	
1937	$ 246,470,000
1938	$ 168,740,000
1939(Jan. -Oct.)	$ 136,018,000
	$ 551,228,000

　　而日文翻译完全删去了这个部分。通过这个表,一眼就可知日本每年所能支付的黄金在逐渐减少。而日本故意漏掉这一部分,是打算隐瞒

财政困难的事实。

英文第 18 段(中文第 12 段)里有:"The world is witnessing one of the greatest tragedies of human history, namely, a great nation light－heartedly throwing overboard its glorious achievements of 60 years and foolhardily committing hara－kiri on a gigantic scale. The world is witnessing the greatest weakness of the Japanese nation, namely, its inability to control its military machine even at the risk of national perdition."(这是日本一大悲剧。一个伟大的国家轻易地抛弃了 60 年来光辉灿烂的成就来从事一个大规模的自杀愚行。全世界看到了日本的大弱点,那就是无法控制其军事机构,甚至冒着毁灭自己的危险。)这段文字,在日文翻译的第 18 段中被全部删去了。在此,胡适指出:伟大的日本抛弃了六十年来光辉灿烂的成就,而现在,日本进行的侵略战争就是大规模的自杀愚行。并且,日本的弱点,那就是无法控制其军事机构,甚至冒着毁灭自己的危险,全世界都已经注意到了,而日本自己却还没有发现。他在此着重指出了一点:这是日本的悲剧。关于胡适的这类抨击,早在 1935 年 6 月胡适给朋友王世杰和罗隆基的信中就提到了:"日本固然走上了全民族切腹的路,可惜中国还不配做他们的'介错'。"[1]因为日本标榜自己所进行着的是"圣战",所以当然不想被他人说成是自杀愚行。并且,如东条英机所说的一样:"在日本,统帅在国务圈外的。就算总理下了决定,但如果与统帅部的意见不一致也不可能被执行。"所以,不管对政治来说也好,还是对军事来说也好,可以不服从国务(内阁)命令,持有绝对权力的军事机构若被指摘,当然是不会令他们愉快的。

另外,在日文翻译的用词上,也存在着差异。例如,英文第 19 段里有"China is fighting her war of resistance to aggression"的"resistance to aggression"(抵抗侵略)一词,但日文只把它翻译为"抗日战",而避开使用

---

〔1〕 详细参见拙论《〈日记〉から見た日中戦争期における胡适の主张の変化—主和から主戦へ—》,《中国哲学》第 35 号,2007 年,第 49—68 页。

"侵略"这一言词。同样在英文第 19 段里有："She has been recently deserted by her friend and partner, Germany, and is now shamelessly trying to bluff the democratic nations by threatening to join hands with Soviet Russia!"日文翻译为："日本は最近に于てその友邦にして协力者たる独逸と离れ、ソ连と提携する气配を示して自由主义诸国に大见得を切らうとしているいるのであります。"把"deserted"单纯翻译成"离れ"（离开），故意不翻译"shamelessly"（不知耻），还把"threatening"（威胁）美化翻译为"大见得を切らう"（大亮相）。

而且，英文第 22 段里有："Yet, the Chinese cause was so convincingly appealing and the conduct of Japanese military so horribly aggressive that China soon found every friendly power quite ready to give her assistance in every way possible."这一文，日文翻译为："而も支那の主张は极めて好感を以て迎へられ、日本军の行动は恐るべき好战的なものであったので、支那はやがて友邦诸国からあらゆる可能なる方法によって援助を受けるやうになったのであります。"把"so horribly aggressive"（可怕的侵略性的）翻译成"恐るべき好战的"（可怕的好战性的），也不使用"侵略"这个言词。

同时，日文翻译的第 23 段中有一句"××の精锐部队"，经过确认英文原文，可知"××"的具体数字是"a third of a million"（30 余万）。而日本故意用了"××"，是为了隐瞒实际数字。

总之，日本对于于自己不利的部分，特别对作为根据的具体经济数字以及日军进行的残酷的杀戮行为，都进行了隐瞒。全部避开使用"aggression"、"aggressive"等意为"侵略"这一言词。

3.《日本と支那の西洋化》（日本与中国的西化）

这篇《日本と支那の西洋化》被刊登在 1938 年 10 月的《日本评论》第 10 号上。这个文章，是胡适在美国的 Amerasia（Vol. 2, No. 5, July 1938, pp. 243－247）上发表的演说。日文翻译的开头说："根据香港八日发同盟电报，国民政府任命胡适为王正廷的后任驻美大使。"可见日本对胡适任

命驻美大使一事,马上作了报道,并刊登了他的演讲。杂志接着说:"胡适
是安徽省绩溪县人,早就以秀才为名作为中国政府的留学生赴美,留学康
奈尔大学,毕业于哥伦比亚大学,是美国留学生关系网中最有势力之人
物。一九一七年回国以后,仅二十七岁就成为北京大学的教授,后来,与
当时该大学的文学院长陈独秀一起提倡白话文(口语体)运动,最近作为
中国文化革命的提倡者在青年中受到绝大的欢迎,在言论界里获得了指
导性的地位。此后在上海光华大学担任教授时期,因批评三民主义触犯
了国民党的忌讳而受到压迫,有一个时期曾陷于窘境。但是,一九三一年
由于再次担任北大教授而复活,于三三年就任文学院长,掌握北大的实
权,在中国学界中依然有着隐性的势力。在此前后,他参与了政治。一九
三二年被推举为东北政务委员,后又一九三三年作为太平洋会议中国
代表出席会议,以流畅的语言能力与演讲能力多次与我国的学者展开论
战。"在此,日本详细地介绍了胡适的经历。杂志还说:"这次日中事变爆
发后,国民政府为了在美国引导对自己有利的舆论,马上任命胡适为驻美
特使派遣到美国至今。这次更是任命他为驻美大使,其目的是:濒临没落
的蒋政权为想利用胡适在美国的名声获得一点同情所作的黔驴之技。"就
是说,胡适作为驻美特使在美国,后被任命驻美大使之事,是蒋政权为了
得到美国的同情而利用他在美国的名声。不过,这个指摘也可认为是个
事实。

　　胡适的这篇论文,主要评论了 E. R. Hughes 著的《欧美人的中国侵
略》(英国麦克米伦出版公司发行)以及 Emil Lederer 与 Emy Lederer 合著
的《变革期的日本》(美国耶鲁大学出版部发行)两册书。论文内容似乎与
当时发生的抗日战争没有直接的关联。日本刊登了驻美大使胡适的这个
论文,恐怕是企图让日本国民知道中国的学者是怎样看日本西洋化的。
这篇论文主要是胡适自己有关这两册名著的感想,也没有批评日本现状
的内容,对于日本来说,也没有不合适的部分。因此,几乎都是按原文的
内容,翻译也没有遗漏之处。在这里,最重要倒应该是写在翻译文前头评
论胡适的部分。这可以更明了地看出日本方面所看到的胡适像。这是日

本的评论家想灌输日本国民持有这样一种看法，即认为蒋介石政权为了得到美国的同情而任命胡适为驻美大使，这是没落的蒋政权在拼命挣扎的表现。

三、从日本报纸报道看日本的反应

关于日本的报纸，由于调查环境的关系，此处只限于东京《朝日新闻》与大阪《朝日新闻》两处有关胡适的报道内容。

笔者按时期将报道内容分成六个阶段，来讨论日本方面当时是如何报道胡适的。

第一阶段："九一八"事变以前，1919 年 10 月—1931 年 9 月。

第二阶段：从"九一八"事变到成为驻美特使前，1931 年 9 月—1937 年 8 月。

第三阶段：驻美特使时期，1937 年 9 月—1938 年 7 月。

第四阶段：驻美大使时期，1938 年 9 月—1942 年 9 月。

第五阶段：驻美大使以后至去世之前，1942 年 9 月—1962 年 2 月。

第六阶段：死去之后，1962 年—2009 年。

第一阶段相当于中国的新文化运动时期，日本方面关于胡适的报道，如果以"胡适"为关键字来检索东京《朝日新闻》的数据库，能查到的共有 23 条。概括这个时期的主要关键词是："胡适是中国新思想家，是中国文学革命的先驱"。其中 1923 年 2 月 25 日的报纸以《支那の学坛麒麟儿 胡适の人と印象》(《中国的学坛麒麟儿 胡适其人与其印象》)(标题目为笔者译，下同)为题，将胡适作为中国新思想的代表人物进行了详细介绍。同时，1926 年 6 月 27 日还以《支那文学革命の先驱胡适氏を访ふ》(《访问中国文学革命的先驱胡适》)为题作了报道，而且还刊登了胡适的照片。"九一八"事变爆发后，1931 年这一年，在上海举行的第四次太平洋会议上，胡适被太平洋会议选为大会议长。

在第二阶段，日本方面关于胡适的报道，同样以"胡适"为关键字来检索东京《朝日新闻》的数据库，能查到 32 条。概括这个时期的主要关键词是："太平洋会议"。此时期主要刊登他出席 1931 年 10 月和 1936 年 8 月所举行的两次太平洋会议时的状况。1931 年 10 月 22 日以《太平洋会议 きのう盛大な开会式》(《太平洋会议 于昨天举行盛大开幕式》)为题、1931 年 10 月 28 日以《太平洋会议、紧张 满洲事变讨议で》(《太平洋会议，紧张 满洲事变讨论中》)为题、1931 年 10 月 29 日以《在太平洋会议上日英争论》为题、1931 年 11 月 5 日以《太平洋会议の成果を顾みて（下）/上海にて 前田多门》(《回顾太平洋会议的成果（下）/上海 前田多门》)为题，分别刊登了胡适出席太平洋会议的状况以及在大会上，胡适关于"满洲事变"，"国际联盟"与日本代表进行激烈争论的状况。1936 年 4 月 25 日以《太平洋会议 日本商品の进出も 1 议题に 8 月米国で开催》(《太平洋会议 日本商品的出口成为一议题 8 月在美国举行》)为题、1936 年 6 月 14 日以《太平洋会议 支那代表决す》(《太平洋会议 决定中国代表》)为题、1936 年 7 月 9 日以《胡适氏、近く渡米》(《胡适，不久将赴美》)为题、1936 年 7 月 18 日以《胡适氏横浜を出发》(《胡适从横滨出发》)为题、1936 年 8 月 17 日以《太平洋会议开幕 11 カ国の代表出席/议题と各国委员/日本侧代表决定》(《太平洋会议开幕 11 个国家的代表出席/议题与各国委员/决定日方代表》)为题、1936 年 8 月 26 日以《胡适氏、日本を诬う 太平洋会议の一波澜》(《胡适诽谤日本 太平洋会议的一波澜》)为题、1936 年 8 月 27 日以《太平洋会议 支那侧の非协调性 日支纷争の主因 芳泽代表、胡氏を驳す》(《太平洋会议 支那方面的不协调性 日中纷争的主要原因 芳泽代表驳胡》)为题，连日报道了关于胡适与日本代表在太平洋会议上激烈论战的内容。同时，在 1935 年 12 月 3 日，刊登了胡适的《日本国民に诉える》(《告日本国民书》)和室伏高信的《胡适之に答ふる书》(《答胡适之书》)两文在《日本评论》上发表的情况介绍。在 1936 年 12 月 13 日的报道中，以《里に胡适氏 北平大学生のデモ》(《幕后有胡适 北平大学生的示威》)为题，报道了北京大学生进行的示威运动，背后有胡适在指使。

在第三阶段，是胡适作为驻美特使赴美的时期，日本方面关于胡适的

报道,共有 8 条。概括这个时期的主要关键词是:"演讲"。报纸详细地报
道了当时胡适的演讲状况等。作为赴美前的报道,1937 年 9 月 9 日有以
《支那遣米特使 胡适を派遣》(《中国遣美特使 派遣胡适》)为题的内容。
又在胡适赴美后,1937 年 9 月 28 日以《胡适、桑港で豪语》(《胡适,在桑港
豪言壮语》)为题、1937 年 11 月 14 日以《高石·胡适立会演说》(《高石·胡
适列席演说》)为题、1937 年 11 月 15 日以《高石使节奋斗 胡适と立会演
说》(《高石使节奋斗 与胡适列席演说》)为题、1938 年 5 月 8 日以《胡适粉
碎の旅》(《粉碎胡适之旅》)为题,刊载了有关胡适演讲以及与日本使节列
席对抗的内容。其中胡适 1937 年 9 月 28 日在桑港以华侨为对象作了演
说的内容,日本杂志《文艺春秋》又以《支那抗战の意义と将来》(《中国抗
战的意义和将来》)为题,刊登在了它第 16 卷第 1 号(1938 年 1 月 1 日发
行)上。而此演讲,也仅留下这篇日文可阅。同时,关于高石与胡适的列
席演说,如在 1937 年 11 月 14 日和 15 日,连日对演讲进行了详细报道。
并且,根据 1938 年 5 月 8 日以《胡适粉碎の旅》为题的报道,说为了粉碎
胡适,日本方面派遣了鹤见佑辅,可见日本对胡适的演讲已变得非常神经
质了。

　　第四阶段,是胡适作为驻美大使活跃的时期,此时期有关胡适的报道
有 66 条。概括这个时期的主要关键词是:"对中借款"与"日美开战"。日
本报纸详细地刊登了有关胡适在美国所争取的对中借款以及其他外交活
动等。特别对日美开战前的胡适的活动状况进行了连日报道。报道有
1941 年 11 月 12 日的《蒋、米に援助要请 ビルマ·ルート维持策》(《蒋、
向美请求援助 缅甸路维持策》)、1941 年 11 月 20 日的《英、蒋外交代表ハ
ル长官访问 日米会谈终了直后》(《英国的蒋外交代表访问赫尔国务卿 在
日美会谈刚结束之后》)、1941 年 11 月 24 日的《太平洋の平和维持に日、
米ともに真剣 非公式会谈 2 时间半/今周も续行せん/英、濠、兰、蒋代表
を招致 ハル长官、会谈经过を报告》(《对太平洋的和平维持 日、美都非常
认真 非正式会谈二小时半/本星期还将继续/邀请英、澳、荷、蒋代表 赫尔
国务卿报告会谈经过》)、1941 年 11 月 24 日的《重庆、叹愿の申入れ》(《重

庆请愿》)、1941 年 11 月 25 日的《米、对日话しいを焦る ワシントン本社
国际电话 4 カ国会谈、牵制程度》(《美,焦虑对日会谈 华盛顿总社国际电
话四国会谈,牵制左右》)、1941 年 11 月 26 日的《4 个国会谈再开 米政府
对日成案を急ぐ》(《四国会谈再开 美政府急于对日成案》)、1941 年 11 月
27 日的《归趋决定时期近づく 成否一に米の态度 日米会谈・关头に立
つ》(《决定时期接近的趋势 成败全在美的态度 日美会谈・面临关头》)和
《4 个国の足并揃わず》(《四国脚步不统一》)、同日晚报的《日米会谈きょ
う再开 4 国代表の意见听取》(《日美会谈今日重开 听取四国代表意
见》)、1941 年 11 月 28 日的《日米会谈最高潮に达す 米国、文书を手交 第
4 次会谈、对日态度を要约す/日本侧に检讨を要请 米国务省当局谈/4
国侧と紧密连络/平和のため苦斗 会谈后我が两大使谈》(《日美会谈达
到最高潮 美国,手交文件 第四次会谈、概括对日态度/请求日本方面探讨
美国务省当局谈/与四国紧密联络/为和平而艰苦奋斗 会谈后与我两大
使谈》)、1941 年 11 月 29 日的《日米会谈・重大局面に到达 第 5 次会谈
大统领会谈要请 米、成否决定の提案か/华府の空气悲观的/米、饱まで
原则论固执》(《日美会谈・至关键局面 第五次会谈 请求与美总统会谈
美、是决定成败的建议吗? /华府的空气悲观/美 固执坚持原则论》)、
1941 年 11 月 30 日的《频りに对日军事密议 米・会谈に诚意なし 我方严
重に成行を监视》(《频繁进行对日军事密议 美・对会谈无诚意 我方面严
格监视成行》)和《郭泰祺、英米大使会见》(《郭泰祺会见英美大使》)、1941
年 12 月 1 日的《米の援蒋政策(上)/牛耳る大统领派 ふた股かける宋子
文/武器贷与の机构 重庆侧の机关 胡适をくう宋子文》(《美的援蒋政策
(上)/操纵(美)的总统派 脚塔两只船的宋子文/武器借与机构 重庆方面
的机关 架空胡适的宋子文》)等。从这些日本方面的报道可知,胡适对日
美开战起了重要的作用。

　　第五阶段,关于胡适的报道共有 20 条。概括这个时期的主要关键词
是:"在蒋介石政府中的胡适的活动"。其中有 1950 年 8 月 8 日,以《新驻
米大使胡适氏—"中华民国"》(《"中华民国":新驻美大使胡适》)为题,报

道了胡适将再次出任台湾蒋介石政府的"驻美大使"。同时,1952 年 1 月
7 日,以《中共の"思改"运动 波纹扩がる胡适批判 北京大学教授らも集
团精算》(《中共的"思想改造"运动 胡适批判影响扩大 北京大学教授们也
参与集体清算》)为题,报道了中国大陆批判胡适的状况。

　　第六阶段,关于胡适的报道有 12 条。概括这个时期的主要关键词
是:"胡适死后"。其中,1979 年 3 月 15 日,有以《胡适氏の论文出版へ》
(《胡适的论文将出版》)为题的报道。还有,1981 年 11 月 27 日,有以《政
治的立场超えて胡适评价に雪どけ》(《跨越政治立场 胡适评价开始雪
融》)为题的报道,表明了在中国大陆,对胡适的看法有所改变。2005 年 5
月 4 日,有以《连战氏への拍手》(《给连战的掌声》)为题的报道,刊登了连
战在北京大学作演讲时言及了胡适之事。摘部分内容如下:"连战氏は一
方で、自由主义者で北京大学长もつとめた胡适に言及し、自由と民主の
大切さを诉えた。クリントン氏も北京大での讲演で自由と人权の问题
を取り上げた际に'个人の自由を求める斗いは、国の自由を求める斗い
なのだ'という胡适の言叶を引用した……胡适は49 年に米国に亡命
し、台湾で死亡した。中国大陆では、文化大革命が终わるまでは'反动
派'扱いだった。今は再评价が进んでいると言われるが、连氏が胡适に
ふれたくだりでは拍手は起きなかった。"(在另一方面,连战提及曾担任
北京大学校长的自由主义者胡适,诉说了自由和民主的重要性。克林顿
也在北京大学的演讲中举自由和人权的问题时引用了胡适的言词说:"为
求个人的自由而奋斗,也就是为求国家的自由而奋斗。"……胡适 49 年亡
命美国,后死于台湾。在中国大陆,到"文化大革命"结束为止一直被作为
"反动派"对待。据说现在已被重新评价,但是,在连战提起胡适的一段中
掌声就消失了。)最后,在 2009 年 8 月 6 日和 2009 年 9 月 20 日,分别以
《中高生と考えた战争 加藤阳子・东大教授が新著》(《与中学生共考虑
战争 加藤阳子・东大教授新著》)、《(卖れてる本)それでも、日本人は
"战争"を选んだ 加藤阳子 学者がいざなう司马的世界(畅销本)》(《尽管
如此,日本人还是选择了"战争" 加藤阳子 由学者邀请的司马世界》)为题

的报道中,记述了有关胡适的内容。加藤阳子在其著作中,关于抗日战争时期的胡适作了如下的记述:"胡適の場合は、三年はやられる。しかし、そうでもしなければアメリカとソビエトは極東に介入してこない、との暗い覚悟を明らかにしている。一九三五年の時点での予測ですよ。なのに、四五年までの実際の歴史の流れを正確に言い当てている文章だと思います。"(就胡适来说,要三年被打。但是如果不这样做,就不会有美国和苏联介入远东问题,他是作了如此黯淡的精神准备的。此盖为胡适于一九三五年时之预测。然而,这是一篇正确推测到四五年为止的实际历史流向的文章。)〔1〕其中解说了胡适对国际形势的敏锐认识。并且,加藤氏对胡适的战略方针,即"日本切腹,中国介错"策,也引用了胡适给朋友王世杰和罗隆基的信件作了介绍。

四、从杂志论说看日本的反应

1.ブルノ・ラスカー《日本の対米宣伝の効果》(《日本对美宣传的效果》,《日本评论》1938 年 12 月号)

昨年七月七日北京郊外に于て日支両軍が衝突し、遂に事件が上海に飛火して、いよいよ両国が全面的に戦争状態に突入するに至るや、北米合衆国は、両国の猛烈な宣伝場と化した。日支両国共に米国に非常な同情者を有するのは広く知られている。両国はその同情者を核心として、米国の輿論を自国に有利に誘導せんとして、猛烈極まる宣伝戦を開始したのだ……支那からは胡適を始め一流の講演家を事変勃発と同時に派遣して来り、日本からは高石、鈴木、鶴見氏等の国民使節、講演家が太平洋を渡ってきた。全米の新聞紙は連日に亘り、第一頁に大々的に、センセイショナルな戦争記事を掲げだした。予期せざる大戦争の

---

〔1〕 加藤阳子:《それでも、日本人は"战争"を选んだ》,东京朝日出版社,2009 年,第327 页。

突发だ。弱者に対して怜悯の情を催すのは人间の本能である。战斗力
の弱いと世界的に评价されいる支那に対して、先ず感情的な同情が米
国に生じだした。之は世界のよく承知する如くだ。事変勃発以来数ヶ
月をたった今日になってもこの支那への感情的な同情は消え去っては
いない。然し日本の立场をよく理解し、その主张に适正なる判断を下
している人々もかなり多い……私は、ここに、果たして、今回の事変に
于いて、支那が正しいか、または日本の主张が妥当であるかを検讨せん
とする者ではない。私の目的は、两国の対米宣伝(宣伝ではなくして、
事実のありのままを报告せんとするのだとふれ込んで印刷物もそのう
ちに多かった)の技巧、そしてその米国における反响を検讨せんとする
にある。私は日本の味方でもなければ、支那の味方でもない。出来る
だけ感情を放れた科学者の立场から、两国から放送された宣伝を検讨
せんとするのだ……米国に于ける舆论も多岐多様に分かれた。主とし
て实业家(输出入业者、制造业者等)は日本の立场を理解するに早かっ
た。勿论対日通商がクリップルされて打击を破るのを欲しないから
だ。之に反して大学教授とか学生、牧师等所谓自由主义者などの"人道
派"に属する人々は、概して弱い支那に同情した。日本から来た国民使
节や讲演家が、神経の尖った听众の前に立つと、直ちに、やぢり飞ばさ
れたり、または讲演中皮肉られ、又は只だ一つの拍手も受けなかった事
が多かった。又反対に支那の讲演家に対しても、事変勃発に关する支
那侧の挑战の态度に关して、物凄い科学的解剖のメスを下した。但し
弱者に同情するからと云って、无批判に讲演家に拍手は送らなかった。
勿论共产党一派のイデイオギストが亲支的デモを几度も敢行した。
然し彼等は米国の舆论の代弁者ではないことは云う迄もない。[1]

　(去年七月七日，在北京郊外中日两军相冲突，继而又在上海燃起战

〔1〕　ブルノ・ラスカー:《日本の対米宣伝の効果》,《日本评论》1938年12月号,东京
日本评论社,1938年12月,第361—362页。

火。就在两国进入全面战争状态的同时，美利坚合众国成了两国的最激烈的舆论阵地。对中日两国，在美国都有非常多的同情者，已广为人知。两国都以于自国的同情者为核心，欲把美国的舆论诱导为自国有利，开始展开了极为猛烈的宣传战……以胡适为首的第一流的演讲家于事变爆发的同时从中国派遣而来，以高石、铃木、鹤见等国民使节、演讲家从日本渡过了太平洋。全美的报纸连日在第一面进行大大地报道，刊登了哗众取宠的战争报道。是不可预期的大战争突发。对弱者施予怜悯之情是人的本能。对于被世界评价为战斗力弱小的中国，首先美国对其产生感情上的同情。这正如世界都承认的一样。就算在事变爆发以来已有数月的今天，对中国的这种感情上的同情依然没有消失。然而很理解日本的立场，对其主张作出适当判断的人也相当多……我不是想要在此探讨在此次事变中，到底是中国正确，还是日本的主张妥当的人。我的目的是：想要讨论两国的对美宣传（虽然不叫宣传，其中自称报告事实原本的印刷物也很多）的技巧以及在美国的反响。我既不是站在日本这边，也不站在中国这边，尽可能抛开感情站在科学者的立场上，来研究发自两国的宣传……在美国的舆论也被分为多种，其中主要为实业家（进出口业者、制造业者等）理解日本的立场出现得比较快，当然是不想在对日通商上被捆绑被打击。与之相反的是大学教授、学生、牧师等所谓自由主义者、"人道派"人士，总的说来是同情弱小的中国。从日本来的国民使节和演讲家，一旦站在神经过敏的听众面前讲话，立刻就会被放冷箭，或在演讲中被讽刺，或是连一个拍手的人都没有。而相反，对中国的演讲家，关于事变爆发时就算中国方面有挑战态度，也会痛下可怕的科学的解剖手术刀。而从同情弱者角度说，也不会送给演讲家无批判的鼓掌。当然，共产党思想倾向的一派人毅然举行了好几次示威运动，不过他们不代表美国的舆论，也就不必说了。）（杂志内容为笔者所译，下同。）

如上，尽管作者说自己"既不是站在日本这边，也不站在中国这边，尽可能抛开感情站在科学者的立场上，来研究发自两国的宣传"，但在这篇

文章中，作者还说："共产主義は民主政治の敵だから、打倒共産主義を叫ぶなら同情を惹くであらうと思ふのは、当っていない。従って日本が对米宣伝を行ふ場合、あまり'共産主義扑灭'を利用しないのが賢明だ。それを余り利用しすぎると、却ってとかく猜疑の眼を以て視られる。"（因为共产主义是民主政治的敌人，想以呼喊打倒共产主义来博得同情的话，是错误的。因此日本在进行对美宣传时，不使用"消灭共产主义"的言词是明智的。如果使用过多的话，反倒会被别人置以猜疑之眼光。）由此可知，作者也似乎在给日本宣传提出建议。同时，作者还说"米国は侵略行为を极度に忌避しているのは、世界中知れ渡っている"（美国极度逃避侵略行为之举，已广为世界所知）、"米国民の憎恶の念は、宁ろ、ファシズムに向けられている"（美国国民的憎恶的念头，可以说是指向法西斯主义的）、"米国人というものは、生活の安宁と社会秩序を极度に遵重する"（美国人极度尊重生活的安宁与社会秩序）等，介绍了美国社会和美国国民的国民性。而这些，对于在美国生活多年，接受了美国高等教育的胡适来说，他是深知美国人极度尊重社会秩序这一国民性的，所以他就可以有针对性地进行能令美国国民接受的演讲活动。例如，他在演讲中反复强调的"中国的抗日战争，是与日本侵略的作战，是为民族生存的作战，为世界正义的作战，是与世界新秩序破坏者的作战"，就很容易为正义感强烈的美国国民接受。

2. 日高清磨瑳《抗日支那の文化人は何をしているか》（《抗日的中国文化人在干什么》，《日本评论》1937 年 11 月号）

抗日支那のために华々しい対外活动をしているのは胡适だ。进步的な支那インテリ層から彼は一时汉奸扱ひにされていた。これは日本の彼を知る人には些か意外なことかも知れない、彼がインテリ層の支持を失ったのは国民政府から月二千元の报酬を受けていること、彼の主张があまりに常识的であり、御用学者的であるということが左翼分子の反感をそそったらしい。丁度公正をもってなる大公报がインテリの一部から极度に毛嫌いされているように、しかし支那事变と国共妥

協とで事情は一変した。彼は九月の末、飞行机で桑港に飛んだ。国民
政府から支那事変に関する対米宣伝の重要使命を与えられていること
は勿論である。彼は桑港で早速記者団に日本軍は上海、南京その他の
都市を爆击したが支那の蒙った損害は極めて軽微である、日本の空爆
は失敗に終わった、日本が果たして何時まで战斗を継続し得るか知ら
ぬが支那は少なくとも一年や二年は十分に対日抗争を続け得る自信が
あると語っている。これが彼の対米宣伝の第一声である。彼が十年や
二十年の対日抗争を続け得ると見えすいたことを言わないだけに、聞
くものにある程度の真実性を印象させるところに彼の身上がありいは
ゆる支那式空宣伝でなく、よりよき効果を狙っていることが分かる。
彼は支那外交界の古狸顧維鈞ほど口まかせ出まかせの出鱈目を言はな
い。恐らく日本を誣ふる材料の如きも中央通信なり、检阅の铗で歪曲
された外電なりを采って、彼は学者らしいシンセリテーを全身にただ
よはせながらこれをコンフアームする努めであらう。最近米国の舆論
が渐次悪化して来たのが、彼の宣伝工作の結果であるかどうかは知ら
ないが、少なくとも相当の影响を与えていることは事実であろう。日
本で欧米への特使が話に上がっている時、彼はもう米国で说き回ってい
たのだ。[1]

　　[为抗日中国大显身手做着对外活动的胡适,进步的中国知识分子阶
层曾一度把他当做汉奸。这个对于知道他的日本人来说,可能颇感意外。
他之所以丧失知识分子阶层的支持,是因为说他从国民政府处得到了每
月 2000 元的报酬以及他的主张过于常识性,是御用学者。这样的事引起
了左翼分子的反感。正如以公正为宗旨的《大公报》被一部分知识分子所
极度厌恶一样。可是,随着卢沟桥事变的爆发和国共的合作,情况也有了
变化。他 9 月末乘飞机到了旧金山。国民政府给予他就卢沟桥事变作对

---

〔1〕　日高清磨瑳:《抗日支那の文化人は何をしているか》,《日本评论》1937 年 11 月
号,东京日本评论社,1937 年 11 月,第 397—398 页。

美宣传的重要使命。他在旧金山立刻向记者团诉说：日军轰炸上海、南京以及其他城市，但是中国蒙受的损失极为轻微，日本的空中轰炸以失败告终，不知日本到底能继续战斗到何时，但中国有至少能持续对日反抗一年或两年的自信。这是他对美宣传所发的第一声。正因为他不说能持续对日反抗10年或20年的显而易见的空话，他能给听者以某种程度的真实性印象，而不是所谓的中国式的虚假宣传，可知这样能更有效。他不像中国外交界的老狐狸顾维钧那样信口开河地胡说。他所使用的诬陷日本的材料来自中央通讯社以及经过检察官之手被扭曲了（原文）的外电等资料，但他全身散发着真挚（诚实）的学者风范，使这些不可靠的资料有如确切的资料一样，使对方信以为真，恐怕这就是他的使美任务吧。最近美国的（对日）舆论逐渐恶化，不知是否是他宣传工作的结果，至少他给予了相当大的影响之事是事实。在日本提起往欧美派特使的话题之时，他已经在美国作巡回演说了。]

　　这是日高清磨瑳在1937年10月9日写的评论，是在胡适于9月末去美国不久以后发表的。可见对于胡适的使美，日本的杂志很快就作出了反应。在这个文章中，日高清磨瑳还提及了胡适以外的中国文化人的抗日活动，但全都没有给予积极的评价。例如，指出中央研究院院长蔡元培没有做什么像样的活动以及完成翻印了《四库全书》的张元济也没有触及实际的所谓的"救亡工作"。

　　但对于胡适的抗日活动，特别在美国的宣传活动给予了很高的"评价"。评价作为学者胡适的人品、宣传言词的诚实性以及他的宣传活动对美国舆论的影响之事。

五、关于《赫尔笔记本》提出前后的活动

　　关于胡适在《赫尔笔记本》提出前后的活动，以美国的资料为中心进行研究的莫高义在其著作《书生大使——胡适出使美国研究》的第三章

《成功阻止美日妥协 演讲宣传功不可没》中，详细地提及了其经过。本书以此为参考，试着追溯胡适当时的活动。

　　根据赫尔国务卿的《回想录》，他谈及了自己与日本大使的交涉史。他说："野村大使第一次访问我的时间是 1941 年 2 月 12 日……3 月 8 日在 curlton 宾馆我的房间里，我和野村进行了第一次相当深入的会谈。此后直到珍珠港攻击之日，我们进行了四五十次的会谈……1941 年 4 月 9日，日美谈判的非正式提案完成了。关于这个提案，赫尔国务卿说：'提案的大部分都只是血气的日本帝国主义者所期望的东西……但是，我想我不能错过开始与日本进行更广范围谈判的端绪的机会。'"[1]在此，赫尔国务卿言及了跟野村大使进行日美谈判的开始日期以及次数。同时，他还记叙了日美谈判最初的非正式提案，尽管是日本单方面的要求，但还必须继续谈判的理由。赫尔国务卿接着说："过了两天以后，我交给野村记有作为日美协定基础的四项基本原则的声明……一、尊重任何国家的领土和主权；二、遵守不干涉他国内政的原则；三、遵守包括通商平等等平等原则；四、除通过和平手段变更以外，必须维持太平洋的现状。"[2]

　　1941 年 5 月 7 日，野村说是日本政府的建议，提议缔结日美两国不侵犯条约。赫尔国务卿立即斥退了这个提议。此后 5 月 12 日，日本方面向赫尔国务卿提出了全新的文件。

　　赫尔国务卿在《回想录》中写道："这是以日本的协定草案和提案《口头说明》为内容的东西。现在我们就算是有了日本的正式提案了。此后（中间只中断过一次）一直持续到珍珠港攻击之日的日美谈判的基础就停留在这个 5 月 12 日上了……从这个提案中几乎看不到希望之光。日本只主张可使自己受益的事。实际上，这是把太平洋地区放置于一种日美共同支配之下的情状，其中由日本统治其人口和财富的十分之九，而他国的权利和利益几乎不考虑在内。"[3]由此可见，成为日美谈判的基础的提案也是日

---

[1]《回想录 コーデル・ハル》，东京朝日新闻社，1949 年，第 157—159 页。
[2]《回想录 コーデル・ハル》，东京朝日新闻社，1949 年，第 159—160 页。
[3]《回想录 コーデル・ハル》，东京朝日新闻社，1949 年，第 160—162 页。

本的单方面想法。

　　然而,中国的驻美大使胡适关于从 1941 年 3 月开始的日美秘密谈判却无从知晓。1941 年 5 月 21 日,重庆外交部致电胡适:"近日敌方传出请美调停中、日战事消息,想系故放空气……希设法查明电复。"[1]1941 年 5 月 23 日,赫尔国务卿会见了胡适。赫尔国务卿说"远东战争虽越来越危险,但欧洲和远东乃是一个整体的问题……关于美日和平的任何问题,在没有事先充分和中国商讨以前,不会作结论性的交涉"[2],赫尔国务卿向胡适作了保证。而实际日美的谈判,确实像赫尔国务卿所说的一样,处于"并未达成任何一项协议"的状况。野村大使在其著作里说:"1941 年 5 月 21 日下午 8 点半,前去访问了国务卿。国务卿所说的'关于维持太平洋和平的词句,不管谁看了都不认为是敷衍的,必须要明确才能得到谅解,这于国民也是有必要的',须由此来研究双方的方案。"[3]可见,对于美国出示的原则问题,日本也还在研究过程中。并且,此后,也一直持续着有关这个原则问题的谈判。野村写道:"6 月 3 日下午 9 点,前往访问国务卿。国务卿毫不隐瞒地说:'根据松冈外长的声明,在美国,有很多人怀疑到底日本有没有维持太平洋和平的诚意? 所以自己也处于极为困难的立场上。'太平洋的和平维持是此次谅解方案的根本,日美两国固然不用说,还强调了与日本与澳洲等关系亦均如此,关于防共驻军之事也重复了过去的见解。因此,我说:'这是日本政府的方针,是不变的。作为日本,希望美国劝告中国与日本讲和,如果中国不听的话,就停止对蒋介石的援助。'长官屡次叙述:'这个问题也是我最费脑筋的问题。在调整日美两国邦交的同时,不能让中国心怀不满,希望中日之间能有圆满结果是我的心愿,但也是最难做的事。'最后长官说:'维持太平洋的和平是根本,这一点无

---

　　〔1〕 莫高义:《书生大使——胡适出使美国研究》,广东人民出版社,2006 年,第 153 页,转引自中国社会科学院近代史研究所中华民国史研究室编:《胡适任驻美大使期间往来电稿》,中华书局,1978 年,第 106 页。

　　〔2〕 胡颂平编著:《胡适之先生年谱长编初稿》第五册,台北联经出版事业股份有限公司,1984 年,第 1719—1920 页。

　　〔3〕 野村吉三郎:《米国に使して 日米交渉の回顾》,东京岩波书店,1946 年,第 58 页。

论如何都要让东京明确知道。'"[1]赫尔国务卿所说的"这个问题也是我最费脑筋的问题。在调整日美两国邦交的同时，不能让中国心怀不满，希望中日之间能有圆满结果是我的心愿，但也是最难做的事"，就是他向胡适所保证的"关于美日和平的任何问题，在没有事先充分和中国商讨以前，不会作结论性的交涉"一样，日美谈判中，中国问题是最大的枢轴问题。也就是说，美国也很重视中国的想法。并且，野村写道："然而美国方面自7月4、5日左右开始得到了我国南进的信息……自此以后形势顿时恶化。总之越南南部的进驻是日美谈判的最大危机。美国总统他日对我说，在大使和赫尔国务卿进行的和平谈判中泼了冷水。"[2]如此，由于日本向越南南部进驻，使日美谈判面临着非常严峻的状况。并且，1941年7月21日，日本军占领了越南南部，接着，日本又占领了菲律宾、马来半岛、荷兰和法属殖民地的全部。赫尔国务卿于7月23日，通过副国务卿威尔斯对野村说："日本对越南南部的侵略，是对南西太平洋进行全面攻击的最后宣告。因为这是在日美谈判进行中所做的行动，那么继续谈判的基础也就被丢失了……我们的谈判结束了，这就是我的明确态度。从现在开始，我们对日本的主要目的就是为了争取准备国防的时间了。"[3]如赫尔国务卿所说，在7月23日，日美谈判一度中断了。

1941年7月25日，美国冻结了日本在美国的全部资金。但在1941年8月28日，美国接受了日本的建议，日美谈判又重新开始了。

1941年9月4日，胡适拜见了赫尔国务卿。根据美国的资料，"大使（胡适）非常明确地表示，中国此时不希望任何和谈。他的理由是日本虽然还未至崩溃，但正显露出衰弱迹象，在一定时间内它将不得不放弃武力侵略行动而被迫寻求和解。"[4]如此，胡适对美国明确表示不希望日美谈

---

〔1〕　野村吉三郎：《米国に使して　日米交涉の回顾》，东京岩波书店，1946年，第60页。
〔2〕　野村吉三郎：《米国に使して　日米交涉の回顾》，东京岩波书店，1946年，第73页。
〔3〕　《回想录　コーデル・ハル》，东京朝日新闻社，1949年，第163—164页。
〔4〕　《回想录　コーデル・ハル》，东京朝日新闻社，1949年，第155—156页。（Memorandum of Conversation, Department of State, National Archives of U.S., 711.94/2283.）

判。赫尔国务卿对胡适保证说:"中国无须担忧美日谈判,美国继续实行援华政策,绝不间断。"[1]

关于当时的情况,野村作了如下的陈述:

赫尔国务卿反复说:"……对于美国方面来说,中国问题是重要问题之一,离开它调整日美邦交是困难的。""日本仅说希望美国成为中日间的中间人,但作为美国正如反复说明的一样,不希望在改善日美邦交的同时使中美关系有坏的影响,不期望由于美国政府的行为使中国有如爆炸之事出现,所以中日交涉的原则,要深知此原则并要能说服中国才是最重要的。结果这个问题能带来中日间的和平,而且还需要英国、苏联、荷兰都协调,作为美国政府来说这是一个艰巨的大事业。"……(1941年)9月22日,在政治界,孤立论者逐渐凋落,逐渐趋向支持政府外交政策的方向,关于远东问题,国民普遍认为已经到了即便发生日美战争也在所难免的局面,对两国海军的比较评论等也很多……作为外交问题,要求坚持原有的远东方针,用牺牲中国来与日本妥协之事是不应该的议论最多。《纽约时报》的白宫通信员克拉克·洪恩说:"日美邦交调整目前处于停顿状态。日本提出在中国的特殊地位的要求,而赫尔国务卿否定其主张,由于达不成一致,以致近卫总理希望与总统直接谈判……作为日本的和平条件,日本好像要想握住中国北方四省和其条约上的诸港,再者还要驻少许部队。可是美国政府不希望牺牲中国来与日本妥协。"[2]

由此可见,美国在日美谈判中非常重视中国。

1941年10月1日,胡适与赫尔国务卿进行会谈。赫尔国务卿表示,美日之间的试探性会谈无任何进展,美国政府的立场正如此前向胡适再

〔1〕 胡颂平编著:《胡适之先生年谱长编初稿》,台北联经出版事业股份有限公司,1984年,第1740页。

〔2〕 野村吉三郎:《米国に使して 日米交涉の回顾》,东京岩波书店,1946年,第108页。

三表明的那样,没有任何改变。赫尔国务卿强调,美日进入首脑会谈的机会是 1/25 或 1/50,甚至是 1/100,表明美国会继续支持中国抗战,直至中国问题得到圆满解决。[1]

不久,1941 年 10 月 17 日,原为陆军大臣的东条英机成了日本首相,东条内阁诞生了。赫尔国务卿回顾说:"我知道东条急于达到事成的目的……东条怀着如果协定不成立,就开始行动(那就指战争)的打算的。这种急于达到事成的心情,想逼我们签署满足日本的全部希望的协定的发疯般的努力,一直持续到珍珠港当日。"[2]11 月 3 日,作为野村的协助,东乡外长派遣了来栖三郎。赫尔国务卿回顾说:"来栖的华盛顿派遣持有两个目的。第一,动用所有的压力和劝导,让我们接受日本方面的条件;第二,如果第一个目的失败,就一直拖延我们的会谈,直到日本的攻击准备好为止……1941 年 11 月 20 日……野村和来栖向我面交了日本政府的新提案(所谓的乙案)。"[3]"这是非常极端的内容,不过,我们根据电报的监听知道这是日本的最终提案。那是最后通告。日本的提案是毫无道理的。作为有责任的美国政府官吏,不管是谁都无法接受,不过,我想我如果显出过分强烈的反应会给日本方面带来终止谈判的借口就不好了……外交上的形势几乎是绝望了。可是,作为我们来说,想百般设法和平解决,避开战争,或是往后延缓战争……我们想在 11 月 21、22 两日中制作反对提案,起草了在暂定协定的基础上加了恒久性的协定大纲。我们考虑了暂定协定以及在暂定协定上附加的十项和平解决大纲。我和我的同事为了解决事态,抱着抓最后一根救命稻草般的心情……到最后都在为和平,至少说在为争取时间作拼命的努力。"[4]

---

〔1〕 莫高义:《书生大使——胡适出使美国研究》,广东人民出版社,2006 年,第 159—160 页。(Memorandum of Conversation,Department of State,National Archives of U. S.,711.94/2356.)
〔2〕 《回想录 コーデル・ハル》,东京朝日新闻社,1949 年,第 164 页。
〔3〕 《回想录 コーデル・ハル》,东京朝日新闻社,1949 年,第 167—169 页。
〔4〕 《回想录 コーデル・ハル》,东京朝日新闻社,1949 年,第 169 页。(Memorandum of Conversation,Department of State,National Archives of U. S.,711.94/2475.)

1941 年 11 月 22 日，赫尔国务卿邀请了英国、中国、澳大利亚、荷兰的大公使，是关于美国拟定的《临时过渡办法》之事。胡适对美国有意与日本签订《临时过渡办法》感到震惊，认为美国过去的态度已转变到超乎想象的程度，美国对日妥协将严重损害中国的抗战利益。如果《临时过渡办法》得以实现，美日冲击即可避免，中国则须继续单独对日作战。胡适即刻提出三个问题，质疑《临时过渡办法》存在的严重漏洞：……第三，"如果让日军在北越留驻 25000 人，则滇缅路将有被占之虞……在《临时过渡办法》的三个月内，会约束日本不攻击中国吗？"赫尔则含糊其辞地回答："这是在将来讨论长期协定时候再作决定的问题。"[1]但胡适仍坚持反对对日妥协，赫尔无法说服胡适。赫尔最后只得说："正是因为美国不同意日本要求停止援华政策，才使日美谈判毫无进展。"[2]

1941 年 11 月 24 日，赫尔国务卿再次邀请胡适及英国、澳大利亚及荷兰三国的大公使，出示了美国拟定的《临时过渡办法》。胡适再次表示坚决反对容许日本在越南北部驻兵 5000 人以上，并且指出："《临时过渡办法》换取日本不攻击云南、缅甸，也不攻击亚洲的东北，结果日本可集中兵力攻击我国其他地区，我国将独遭牺牲，危险极大。"[3]同时，胡适坚持必须将方案允许中日军驻留在印支的 25000 人减少为 5000 人的主张。对此，赫尔国务卿补充说："在明了各有关国家意见之前，美国不会将这个草案送给日方。"[4]

同日，蒋介石指示胡适继续力争，指示宋子文通过美国海军部长诺克斯（Frank Knox）和陆军部长史汀生（Henry L. Stimson）向美国政府强烈

---

〔1〕〔2〕 莫高义：《书生大使——胡适出使美国研究》，广东人民出版社，2006 年，第 162 页。

〔3〕〔4〕 莫高义：《书生大使——胡适出使美国研究》，广东人民出版社，2006 年，第 163 页。（Memorandum of Conversation，Department of State，National Archives of U. S.，711. 94/2476.）

To my good friend
Dr. Hu Shih
with highest esteem
Cordell Hull

美国国务卿赫尔赠送给胡适的照片

抗议,并且致电英国首相丘吉尔表示中国的不满。[1] 胡适深感情势紧迫,11 月 24 日连夜求见美国著名的中国通亨培克(Stanley K. Hornbeck),希望美国政府不要在原则上让步,不要对日本采用绥靖政策。[2]

　　1941 年 11 月 25 日,胡适会见赫尔国务卿,转交了中国外交部长的电文,强烈抗议拟定的《临时过渡办法》。虽然赫尔再度解释:"美国此举是

---

〔1〕 莫高义:《书生大使——胡适出使美国研究》,广东人民出版社,2006 年,第 164 页,《战时外交》(一),转引自陶文钊、杨奎松、王建朗等:《抗日战争时期中国对外关系》,中共党史出版社,1995 年,第 149 页。(Memorandum of Conversation, Department of State, National Archives of U. S. ,711. 94/2537.)

〔2〕 莫高义:《书生大使——胡适出使美国研究》,广东人民出版社,2006 年,第 164 页。(Memorandum of Conversation, Department of State, National Archives of U. S. , 711. 94/2479.)

为了争取更多的时间完善在太平洋地区的防御计划。"但胡适毫不退让，语气之激烈，前所未有，赫尔也为之动容。当日，胡适又同宋子文一起拜见罗斯福总统，胡适再度慷慨陈词，说明中国政府的立场和要求。[1]

1941 年 11 月 26 日，赫尔在与罗斯福总统谈话时指出："鉴于中国政府的反对以及英国、荷兰和澳大利亚政府的半心半意的支持或者说实际是反对，鉴于公众广泛的表示反对，所以我十分恳切地建议，现在我召见日本两位大使，递交他们一份全面和平解决的综合的基本建议，同时把妥协方案扣住不发。"那时，丘吉尔也致电罗斯福，明确反对美国对日妥协方案。罗斯福同意赫尔的建议，最终决定放弃《临时过渡办法》。于是，赫尔国务卿再次约见胡适，告诉他决定放弃《临时过渡办法》。下午 4 点 45 分，赫尔向来到国务院的野村和来栖两位大使提出了所谓的《赫尔笔记本》。赫尔虽然没有拒绝跟日本的继续谈判，但否认了《临时过渡办法》。[2]

野村大使对此亦有记载道："そのさい、ハル长官は、この提案を出すにいたった条件のうちに、'支那を見殺しにするなかれとの舆论、日本侧要人の非平和的弁论等々'があったというコメントを付加している。"（当时，赫尔国务卿指出了致使提出这个提案的条件中，附加有"不能对中国见死不救之舆论，日本要人的非和平的辩论等"评语。）[3]

造成美国"不能对中国见死不救的舆论"的基础，可以推测与胡适在美国所作的这么多的演讲有很大关系。例如，1937 年 9 月胡适作为驻美特使抵达美国的时候，美国的舆论正值孤立主义旺盛之时。从 1937 年 8 月盖洛普的民意测验可看美国的世论，当时对抗日战争回答持中立的占 55%，回

〔1〕 莫高义：《书生大使——胡适出使美国研究》，广东人民出版社，2006 年，第 164 页。

〔2〕 莫高义：《书生大使——胡适出使美国研究》，广东人民出版社，2006 年，第 153—166 页。以上到《赫尔笔记本》提出为止的美国方面的资料，笔者主要根据了莫高义的《书生大使——胡适出使美国研究》一书，没有确认原来的资料，但其他如野村吉三郎的《米国に使して日米交涉の回顾》以及赫尔的《回想录 コーデル・ハル》等资料，笔者都确认了原文。

〔3〕 野村吉三郎：《米国に使して 日米交涉の回顾》，东京岩波书店，1946 年。

1942 年 6 月 23 日,美国州长会议期间[从左至右:明理索

达州州长(主席)、荷兰驻美大使、英驻美大使、胡适大使、

北卡罗连那州州长、马理兰州州长]

答支持日本的占 2％,同时回答支持中国的是占 43％。[1] 可是,到 1941 年
9 月美国的民意测验如下:"对日本应该采用强硬态度的见解很多,例如,盖
洛普的民意测验结果,跟日本战争,应该阻止日本发展的见解急剧增加,7
月时占 57％,但近来(9 月 6 日)占了 70％。"[2] 当时持中立的占了 55％,而
在 1941 年 9 月,要与日本作战的上升到了 70％。而胡适从 1937 年 9 月开
始后的五年间作了约 400 次的演讲,一遍又一遍地向美国国民说明中国与
日本作战的意义。如此舆论的改变,和胡适的演讲不无关系,盖洛普的民
意测验的变化就是例证。根据野村大使的言词:"罗斯福的思想还是属于
威尔逊流派的。总之,不是 Isolationist,即所谓孤立主义者。实际他也对我
说过这样的意思,即自己不忍心美国介入欧洲新秩序和东洋新秩序之间。
但是他不像威尔逊一样是 Dogmatic,即不独断的,他非常重视舆论……屡
屡对我提起舆论,表现出自己最重视舆论,说了不止一两次了。赫尔国务
卿也非常重视舆论,在日美邦交调整进行中,多次对我说如果能诱导东京

---

〔1〕　佐藤一树:《国民使节胡适の对米宣传活动に关する考察—1937 年～1938 年—》,
《中国研究月报》,东京中国研究所,2006 年 5 月,第 20 页。
〔2〕　野村吉三郎:《米国に使して 日米交涉の回顾》,东京岩波书店,1946 年,第 117 页。

方面的舆论的话,我们的谈判将会容易多了……他也努力把美国舆论转向顺利的方向。思想也还是威尔逊流派的,是干涉议论者,他曾对我说过,如果蛰居在南北两美洲的话,就太窄小了。"[1]如此,可见罗斯福总统和赫尔国务卿都正是非常重视社会舆论的人。

胡适不仅仅对普通大众,还对美国重要政治家如赫尔国务卿、洪北克(国务院远东政治顾问)、罗斯福总统都强烈诉说中国抗日战争等事实。可以说,《赫尔笔记本》提出前后胡适的活动状况,对美国政策的决定人物也带去了影响。

小　结

从日本杂志刊登的胡适的演讲内容以及日本报纸报道胡适的内容来看,包括胡适的演讲活动等外交活动,日本方面的反应都非常激烈。就笔者所能探寻到的,从 1938 年到 1940 年的三年间,就有四篇演讲全文在日本杂志上刊登。杂志《改造》在 1940 年 3 月号和 1940 年 4 月号,接连两期连续刊登了胡适的演讲《中国目前的情势》与《我们还要作战下去》,就是对胡适演讲形成美国社会舆论的效果持非常警惕态度的证据。同时,正如杂志《日本评论》1938 年 12 月号所刊登的一样:"两国都以于自国的同情者为核心,欲把美国的舆论诱导为于自国有利,开始展开了极为猛烈的宣传战……从中国以胡适为首的第一流的演讲家于事变爆发的同时派遣而来,从日本以高石、铃木、鹤见等国民使节、演讲家渡过了太平洋。全美的报纸连日在第一面进行大大地报道,刊登了哗众取宠的战争报道。"说明美国也承认胡适为"第一流的演讲家"。并且,对胡适在 1937 年 9 月末作为驻美特使在美国的演讲活动状况,《日本评论》很快就作出反应,在1937 年 11 月号就刊登了有关内容:"为抗日中国大显身手做着对外活动的胡适……这是他对美宣传所发的第一声。正因为他不说能持续对日反

〔1〕 野村吉三郎:《米国に使して 日米交涉の回顾》,东京岩波书店,1946 年,第 3—9 页。

抗十年或二十年的显而易见的空话，他能给听者以某种程度的真实性印象，而不是所谓的中国式的虚假宣传，可知这样能更有效。他不像中国外交界的老狐狸顾维钧那样信口开河的胡说。他所使用的诬陷日本的材料来自中央通讯社以及经过检察官之手被扭曲了（原文）的外电等资料，但他全身散发着真挚（诚实）的学者风范，使这些不可靠的资料有如确切的资料一样，使对方信以为真，恐怕这就是他的使美任务吧。最近美国的（对日）舆论逐渐恶化，不知是否是他宣传工作的结果，至少他给予了相当大的影响之事是事实。在日本提起往欧美派特使的话题之时，他已经在美国作巡回演说了。"指出胡适的演讲对美国的（对日）舆论产生了相当大的影响。这也是说明胡适的演讲在对说服美国国民（对日作战）上取得了效果的证据之一。

除了日本的杂志以外，日本的报纸也详细地报道了胡适的活动状况。就笔者所能确认到的，代表日本全国性报纸的《朝日新闻》，对日美开战前胡适的活动状况，进行了连日的报道：1941 年 11 月 12 日、11 月 20 日、11 月 24 日、11 月 25 日、11 月 26 日、11 月 27 日、11 月 27 日晚报、11 月 28 日、11 月 29 日、11 月 30 日、12 月 1 日作了连续刊载。从这些日本方面的报道可知，胡适的演讲在日美开战之前，起到了很大的作用。同时，胡适作为驻美特使（1937 年 9 月末至 1938 年 7 月）约 10 个月的时间里，以"演讲"为中心的报道就有《胡适，在桑港豪言壮语》、《高石·胡适列席演说》、《高石使节奋斗 与胡适列席演说》、《粉碎胡适之旅》等八条。可见日本对胡适的演讲显得非常神经质。

笔者认为美国从厌战转变到积极参加战争，是胡适在任驻美大使期间最好的外交成果。而在他的外交活动中，最显著的表现，就是演讲活动了。

当然，日美的开战，有美国自己的打算也是事实。例如，根据赫尔国务卿回顾说："（1941 年）11 月 20 日，野村和来栖递交给我日本政府的新提案（所谓'乙案'）。这是非常极端的内容，不过……我们考虑了暂定协定以及在暂定协定上附加的十项和平解决大纲。摩根索财长给我送来了财务省制作的解决方策。此提案中也有好的部分,也加在了我们的最终草案中。我于 1941 年 11 月 26 日向野村、来栖两位大使递交的提案《十条和平解决方案》(所谓《赫尔笔记本》),就是到了最后阶段,我们还期望日本的军部或许能找回理智,抱着一丝的希望作继续交涉的诚实努力。到后来,特别在日本开始遭到大失败之后,日本的宣传歪曲了我们这个 11 月 26 日的备忘书,说那是(我们的)最后通告。这完全是在使用谎言欺骗国民,是让国民支持军事掠夺的日本第一流的做法。"〔1〕如此,赫尔指出日本新提案的无诚意,并批判了日本军部欺骗国民的伎俩。可是,关于这个《赫尔笔记本》的作成,如赫尔国务卿自己所说的:"摩根索财长给我送来了财务省制作的解决方策。此提案中也有好的部分,也加在了我们的最终草案中。"而根据后来的研究,摩根索财长的解决方策,是摩根索财长的部下,与苏联共产主义有关联的怀特拟定的。〔2〕同时,罗斯福的政敌,在当时是共和党(在野党)的领导人菲什,他在其著作中提到:在"日美开战的悲剧"中,告发所谓的"罗斯福阴谋"〔3〕。

　　并且,野村大使也在其报告中说道:"美国为什么出示了如此严厉的条件? 很明显,这是英国、荷兰及中国对美国的谋划。再者,我方要求停止援助蒋介石,最近很多日本要人在演说中呼喊要打倒英美,并且,也有要求泰国的国防全面委托(日本)等流言,可以认为这些(问题)全部都反映在这个严厉的提案上了。"〔4〕这说明日本要人在演说中呼喊要打倒英美以及要求泰国的国防全面委托(日本)等也是日美开战的主要原因。黑羽氏指出:"如此,致使日美开战的决定性的契机之一,就存在于抗日战争的构造本身内。作为日美战争即太平洋战争的'隐花',这个胚芽就在中日全面战争四年的历史中被哺育了。"〔5〕这正说明抗日战争本身也是日美开战的主要原因之一。

　　可是,在至此为止的讨论中,关于日美的开战,笔者认为正是驻美特

---

〔1〕《回想录 コーデル・ハル》,东京朝日新闻社,1949 年,第 169—172 页。
〔2〕〔3〕《诸君》,1991 年 8 月号,东京文艺春秋社,1991 年 8 月,第 103—111 页。
〔4〕〔5〕　黑羽清隆:《太平洋战争の历史・上》,东京讲谈社,1985 年,第 43 页。

1941 年 12 月 22 日,罗斯福总统赠送亲署自著给胡适

使及驻美大使胡适在美国约五年间 400 余次的演讲形成了美国对日开战世论的基础。对于实践主义者、方法论者的胡适来说,首先,其使美的目的是让美国参与太平洋战争。其次,作为问题点,是如何调动美国的社会舆论。并且,为了要达到这个目的,胡适想到最有效的方法就是演讲活动。当然,仅胡适的演讲是调动不了日美战争的。日美开战,是诸要素的综合。可是,就像赫尔国务卿在提出《赫尔笔记本》时所说的,美国有"不能对中国见死不救的舆论"一样,这并不是一句轻描淡写的话,而应作为重大的事实来看待。而这个"舆论"的基础,可以说是胡适的演讲活动打下的。同时,美国的政治要人罗斯福和赫尔也正是非常重视舆论之人物,所以可以说,胡适的演讲对美国的政策决定也有一定的影响。另外,从日本方面的杂志和报纸报道看,也可知胡适的演讲对日美开战产生了实际的效果。

结　论

　　本书主要以抗日战争时期的胡适的主张变化以及在美国的演讲活动为研究对象进行了讨论。从结构上看,第一章主要从胡适的《日记》考察抗日战争时期胡适的主张变化(由主和到主战);第二章主要是关于胡适的《墨子·非攻》篇研究与对其战争观的考察;第三章和第四章是对于胡适作为抗日战争时期的驻美特使及驻美大使在美演讲活动的考察。归纳全书的结论如下:

　　在抗日战争时期的 1937—1942 年,胡适作为驻美特使以及驻美大使在美国不懈地向美国国民陈诉中国彻底抗战的决心,终于等来了美国参与太平洋战争。但是,在 1931 年 9 月 18 日由日本军发起的"柳条湖事件"的当时,胡适并没主张抗战,却在主张议和。

　　胡适在"九一八"事变以后,一贯主张通过外交与日本谈判,主张和平解决两国间的悬案。希望在与日本谈判期间,中国全力致力于军事设备的近代化,以阻止日本武力征服的阴谋。

　　但是,关于胡适对日主和的态度,在自 1951 年的胡适批判运动中,在强烈批判他的亲美思想和行动的同时,也批判了他在抗日战争时逃避与日本作战,提倡"和平论"的主张。那为什么胡适会作出如此引起众怒的主张呢?其中,除了他早年就受到了和平主义思想的影响外,最主要的原因,还是他认为当时中国军事的力量远不能与日本对抗。

总结胡适的《日记》，可以认为对胡适来说，要从议和转向抗战的主张变化，需要相应的准备。笔者认为，胡适得到这个确信的转折点是：1937年 8 月 13 日的第二次"上海事变"。

当然，当时国民党军队的装备也提高了，而且当时也是日本的近卫内阁已明确表明了撤回抗日战争不扩大方针，表明正式侵略中国的时期，所以也有使胡适不得不站在主战立场的外在的时代背景。

也有研究者以胡适在 1935 年 6 月 27 日提出要作"绝大牺牲"的觉悟抗战策略的信为根据，认为胡适在 1935 年 6 月 27 日当时就主张抗战。不过，在这封信的开头他写道："前上两函，都未蒙赐覆。今天写此函，是要从别一方面着想：——从反面设想——另画一个国策。"由此可知，胡适给王世杰写了两封信（主张议和的内容），但都没有收到王的回信。胡适以为自己的主和内容被否定了，所以他认为有必要考虑另外的方案，不是议和的方案，而是如何促使世界大战爆发的从反面设想的方案。这个设想，不管从在信里上占的比例的角度来看，还是从其设想的具体内容来看，都令人以为胡适真的已经在主张抗战了。但是，他在信的结尾说道："总而言之，今日当前大问题只有两个：（一）我们如可以得着十年的喘气时间，我们应该不顾一切谋得这十年的喘气时间；（二）我们如认定，无论如何屈辱，总得不到这十年的喘气时间，则必须不顾一切苦痛与毁灭，准备作三四年的乱战，从那长期苦痛里谋得一个民族翻身的机会。"由此可以看出，胡适所提出的抗战设想完全是他站在"得不到这十年的喘气时间"的假设上的。当然，第一应该优先的是"我们应该不顾一切谋得这十年的喘气时间"。由此可知，胡适在这个时候依然在主张着议和。

这 1935 年 6 月 27 日之信的意义，与其说在主张抗战，还不如说在于他指出了主战派还没有抗战"决心"（觉悟）。胡适经过仔细的考虑，得出的结论是："若要作战"，必须有"混战，苦战，失地，毁灭"的"决心"（觉悟），批评以蒋介石为首的没有觉悟的政府首脑们还抱着"等我预备好了再打"的"根本错误心理"根本就是不对的。其实，最重要的是，通过写这封信，使胡适自己也更明确了"决心"（觉悟）的重要性。即，他在 1935 年 7 月 26

日给罗隆基的信中说的"根本错误心理"一样,要使"和"成功也需要有
"战"的决心这样的主张,可以说胡适此时已经确立了"和主战从"的想法。
而另一方面,如果光从"战"的决心来看,确实正如余英时所说的一样:"至
晚从 1935 年 7 月始,他已逐渐修正他的看法了。"可以说,胡适在这个时
期,一边主张议和一边也开始有了对"战"的决心。但是,根据胡适给罗隆
基的信中所强调的"在最近时期中,第二方案(要准备三四年的苦战)只是
第一方案(公开交涉,争取喘气的时间)的后盾",可知他在 1935 年 7 月
时,还依然在主张议和。

简单地归纳一下抗日战争时期胡适的主张变化如下:胡适从 1931 年
9 月 18 日日军挑起"柳条湖事件"开始,到 1937 年 8 月 6 日,由于中国的
军事力量不如日本,基本路线是主张议和。但是,中间 1935 年 6—7 月萌
发了抗战的决心。至 1937 年 8 月 13 日,看到上海"八一三"(第二次"上
海事变")抗战中的中国军队勇敢抵抗了日军的情景,毅然扔掉了议和,主
张抗战,从而变为彻底地全面地支持对日抗战。

可以认为,在胡适的主张变化中,除了如上述的变化要因外,还有他
自身的哲学即内在的要因。在以胡适自己口述的自传为基础编辑而成的
《胡适口述自传》中,胡适对于《墨子·非攻》篇给自己的思想带来的影响,
作了如下陈述:

> 其后好多年,我都是个极端的和平主义者。原来在我十几岁的
> 时候,我就已经深受老子和墨子的影响。这两位中国古代哲学家,对
> 我的影响实在很大。墨子主"非攻",他底"非攻"的理论实是名著,尤
> 其是三篇里的《非攻上》实在是最合乎逻辑的反战名著,反对那些人
> 类理智上最矛盾,最无理性,最违反逻辑的好战的人性。

由以上内容可知,胡适说自己"好多年,我都是个极端的和平主义
者",从十几岁的时候开始就深受老子、墨子思想的影响,特别对《非攻》上
篇的评价最高。《墨子·非攻》篇分成上、中、下三篇,那么为何胡适只称

赞《非攻》上篇"是最合乎逻辑的反战名著,反对那些人类理智上最矛盾,最无理性,最违反逻辑的好战的人性"的呢?

墨子也好,胡适也好,对于战争,最初都是纯粹地或原理性地以义或不义为问题中心,但到了后来,一旦自己要实际面临战争了,就有如从《非攻》上篇到《非攻》中、下篇转换一样,胡适由主和变为彻底抗战,转变了自己的主张。胡适的主张转变,正好与《墨子·非攻》篇是同样的流向。尽管胡适年轻时(在美国留学的时候)是和平主义者,但最终却积极推动了抗日战争。墨子在原理上,也是和平主义者,而实际却以"诛"的名义,容许了战争。如此,胡适在抗日战争时期的主张、想法、行动,实际上正好像采取了《墨子·非攻》上、中、下篇这样的阶段性的主张、想法、行动。虽然这并不是胡适有意识性地去按《墨子·非攻》上、中、下篇所做,但最终却殊途同归。对于如何来处置暴力战争,即使是和平主义者的胡适,最终也还是容许了战争。墨子按《非攻》上、中、下篇的顺序展开讨论的过程,与胡适由作主和努力到彻底抗战的这个观点转变的经过,可以认为是同样的。同样是和平主义者的两人,尽管主张反对战争或者主张议和,但最终却容许了战争这样的过程,可以看出有某种矛盾的存在。两者结果都不能避开战争,不仅容许了战争,抗战思想一旦觉醒了,两者都成了战争的专家。墨子呢,想出防卫术,以集团为单位进行战争行为。胡适则设想了周密的作战方针,引导政府的首脑部门,自己也在外交上,在美国这个最重要的国际舞台上作出了实绩,发挥了其战略智慧。

作为"极端和平主义者"的胡适,而自己最后却成了"人类理智上最矛盾,最无理性,最违反逻辑的好战的人性"的人了。也就是说,自己也成了被拘束于人性中某种矛盾的人了。在当代,地球上依然持续着杀戮行为。我们人类对于战争的拒绝感,应该比以前更强烈了,但尽管如此,还有战争在进行着。人类的矛盾,至今也没有消失。胡适到了晚年,在自己经历了战争等所有人生体验之后,还指出《非攻上》实在是最合乎逻辑的反战名著",对《非攻》上篇作了很高的评价。这并不是年轻人常有的理想论,而是针对当代正在进行着的战争以及打算进行战争的人的经验之谈。战

争结束之后,胡适还对《非攻》上篇作出如此高的评价,具有启发人类本性
的重要意义。

1937 年 8 月 13 日,上海的"八一三"事变以后,胡适开始扔掉议和,主
张抗战,全面支持战争。作为驻美特使及驻美大使,胡适从 1937 年 9 月
23 日到 1942 年 9 月 18 日所作的演讲,就笔者目前所知的共有 238 件。
其中 35 篇以演讲内容为基础整理而成发表于杂志上。除此以外,仅以论
文形式发表的有 34 篇。

1938 年 7 月 11 日,在 Port Arthur 作的演说中,胡适说道:"我在美国
九个月,无他成绩,只能力行'无为'而已。"确实,胡适作为驻美特使在美
国逗留的时间实际上仅有九个月,他的外交活动主要是向美国社会诉说
中国的抗战状况等。在此九个月期间的演讲次数为 98 次,此后,如果加
上回国途中(1938 年 8 月)经由英国时作的 4 次演讲,总共为 102 次。特
别集中于从 1938 年 1 月 25 日(演讲 No. 19)到 7 月 11 日(离开美国时)这
段时间内,累计演讲次数达 84 次以上。例如,他在 1938 年 3 月 1 日的日
记里,计算了 1 月 24 日从纽约出发之后到这天为止的旅程是 10600 英
里;3 月 16 日的日记里,计算了到这天为止是 51 日的行程作 56 次的演
讲,把演讲的地点和次数都列成了表;3 月 17 日的日记里,记了"这是我此
行第五十七次演说"。胡适在不足两个月的时间里作了 57 次演讲。

1938 年 9 月胡适就任驻美大使之后,更广范围地进行了外交活动。
蒋介石交给他的主要任务有三个:中立法;财政援助;阻止日本军用品的
出售。胡适在努力完成任务的同时,一直坚持演讲,但次数不多。在 1940
年 6 月 26 日宋子文去美国之前,所作的演讲次数只有少数的 56 次。那
是因旅途过度劳累,从 1938 年 12 月 5 日开始在医院住了 77 天(参见演讲
No. 107)。

胡适从 1938 年 9 月就任大使以来的一年零九个月间所作的演讲,比
作为驻美特使一年的演讲活动要少 46 次。但自从与之不太合拍的宋子
文去美国以后,蒋介石所交的任务执行起来不太方便,演讲活动又有所增
加。自 1940 年 9 月 18 日(演讲 No. 157)以后,到 1942 年 9 月大使离职前

约两年间,演讲次数达 80 次。

例如,胡不归说:"(1940 年)10 月下旬,赴美国东部纽约,波士顿等各城市作广泛的旅行演说。"1942 年 5 月 17 日,胡适给翁文灏和王世杰的信件中说:"今年体气稍弱,又旅行一万六千英里,演讲百余次,颇感疲倦。六月以后,稍可休息。我在此三年不曾有一个 weekend,不曾有一个暑假,今夏恐非休息几天不可了。"因此,这年(1942 年)到 5 月为止实际上在半年不到的时间里,就作了 100 多次的演讲。胡适在离大使任之前约两年时间里,其演讲次数,以笔者所知为次,可能只相当于实际演讲次数的一半左右。在驻美大使最后的两年间,胡适不辞劳苦地作了那么多的演讲次数,其疲劳程度是不难想象的。

1942 年 9 月 8 日,行政院国务会议决议,准许了驻美大使胡适的辞职,魏道明继任了驻美大使。胡适于 1942 年 9 月 18 日上午 11 点告别双橡园(大使馆),离开了华盛顿。

胡适演讲的对象,波及各种各样的阶层,有国会、州议会等政治界的要人,银行领导人等商业界的要人,也有市民团体、宗教团体、中国抗日战争支援团体等普通市民,还有新闻记者、广播电台等媒体有关人员以及住在美国的其他中国人和中国留学生。其中面向大学教员和大学生所进行的次数比较多。向美国国民播放的广播至少有 16 次。胡适进行演讲的地方,主要分布在美国的东海岸和西海岸,特别在纽约、华盛顿、密歇根、加利福尼亚、宾夕法尼亚、马萨诸塞等州。同时,还波及加拿大从西到东的广大范围。

演讲的内容主要在以下八个关键词与话题上:①九国条约;②自杀愚行;③福奇谷作战;④苦撑待变;⑤为世界作战,为民主国家作战;⑥民族生存,抵抗侵略;⑦美国的国际领导权;⑧日本的侵略行为等。

对胡适的演讲活动,敌国日本,迅速在报纸上报道了有关演讲活动的情况,杂志也刊登了他的演讲内容。从日本杂志刊登的胡适的演讲内容以及日本报纸报道胡适的内容来看,包括胡适的演讲活动等外交活动,日本方面的反应都非常激烈。就笔者所能确认到的,从 1938 年到 1940 年的三年间,就有四篇演讲全文在日本杂志上刊登。杂志《改造》在 1940 年

1942 年 9 月 18 日,胡适任期结束,离开华盛顿与送行人员

3月号和1940年4月号,接连两期连续刊登了胡适的演讲《中国目前的情势》与《我们还要作战下去》,这是日本对胡适演讲形成美国社会舆论的效果持非常警惕态度的证据。同时,正如杂志《日本评论》1938年12月号所刊登的:"两国都以于自国的同情者为核心,欲把美国的舆论诱导为于自国有利,开始展开了极为猛烈的宣传战……从中国以胡适为首的第一流的演讲家于事变爆发的同时派遣而来,从日本以高石、铃木、鹤见等国民使节、演讲家渡过了太平洋。全美的报纸连日在第一面进行大大地报道,刊登了哗众取宠的战争报道。"美国也承认胡适为"第一流的演讲家"。并且,对胡适在1937年9月末作为驻美特使在美国的演讲活动状况,《日本评论》很快就作出反应,在1937年11月号就刊登了相关内容:"为抗日中国大显身手做着对外活动的胡适……这是他对美宣传所发的第一声。正因为他不说能持续对日反抗十年或二十年的显而易见的空话,他能给听者以某种程度的真实性印象,而不是所谓的中国式的虚假宣传,可知这样能更有效。他不像中国外交界的老狐狸顾维钧那样信口开河的胡说。他所使用的诬陷日本的材料来自中央通讯社以及经过检察官之手被扭曲了(原文)的外电等资料,但他全身散发着真挚(诚实)的学者风范,使这些不可靠的资料有如确切的资料一样,使对方信以为真,恐怕这就是他的使美任务吧。最近美国的(对日)舆论逐渐恶化,不知是否是他宣传工作的结果,至少他给予了相当大的影响之事是事实。在日本提起往欧美派特使的话题之时,他已经在美国作巡回演说了。"指出胡适的演讲对美国的(对日)舆论产生了相当大的影响。这也是说明胡适的演讲在对说服美国国民(对日作战)上取得了效果的证据之一。

除了日本的杂志以外,日本的报纸也详细地报道了胡适的活动状况。就笔者所能确认到的,代表日本全国性报纸的《朝日新闻》对日美开战前胡适的活动状况进行了连日报道:1941年11月12日、11月20日、11月24日、11月25日、11月26日、11月27日、11月27日晚报、11月28日、11月29日、11月30日、12月1日进行了连续的刊载。从这些日本方面的报道可知,胡适的演讲在日美开战之前,起到了很大的作用。同时,胡适作为驻美特使约 10 个月的时间里,以"演讲"为中心的报道就有《胡适,在桑港豪言壮语》、《高石·胡适列席演说》、《高石使节奋斗与胡适列席演说》、《粉碎胡适之旅》等八条。可见日本对胡适的演讲显得非常神经质。

笔者认为美国从厌战转变到积极参加战争,是胡适在任驻美大使期间最好的外交成果。而在他的外交活动中,最显著的表现,就是演讲活动了。

当然日美开战,有美国自己的打算也是事实。例如,根据赫尔国务卿的回顾说:"(1941 年)11 月 20 日,野村和来栖递交给我日本政府的新提案(所谓'乙案')。这是非常极端的内容,不过……我们考虑了暂定协定以及在暂定协定上附加的十项和平解决大纲。摩根索财长给我送来了财务省制作的解决方案。此提案中也有好的部分,也加在了我们的最终草案中。我于 1941 年 11 月 26 日向野村、来栖两位大使递交的提案(十条和平解决方案)(所谓《赫尔笔记本》),就是到了最后阶段,我们还期望日本的军部或许能找回理智,抱着一丝的希望作继续交涉的诚实努力。到后来,特别在日本开始遭到大失败之后,日本的宣传歪曲了我们这个 11月 26 日的备忘书,说那是(我们的)最后通告。这完全是在使用谎言欺骗国民,是让国民支持军事掠夺的日本第一流的做法。"如此,赫尔指出日本新提案的无诚意,并批判了日本军部欺骗国民的伎俩。可是,关于这个《赫尔笔记本》的作成,如赫尔国务卿自己所说的:"摩根索财长给我送来了财务省制作的解决方案。此提案中也有好的部分,也加在了我们的最终草案中。"而根据后来的研究,摩根索财长的解决方案,是摩根索财长的部下,与苏联共产主义有关联的怀特拟定的。同时,罗斯福的政敌,在当时是共和党(在野党)的领导人菲什,他在其著作中提到:在"日美开战的悲剧"中,告发所谓的"罗斯福阴谋"。

并且,野村大使也在其报告中说道:"美国为什么出示了如此严厉的条件? 很明显,这是英国、荷兰及中国对美国的谋划。再者,我方要求停止援助蒋介石,最近很多日本要人在演说中呼喊要打倒英美,并且,也有要求泰国的国防全面委托(日本)等流言,可以认为这些(问题)全部都反映在这个严厉的提案上了。"这说明日本要人在演说中呼喊要打倒英美以及要求泰国的国防全面委托（日本）等也是日美开战的主要原因。黑羽氏指出："如此，致使日美开战的决定性的契机之一，就存在于抗日战争的构造本身内。作为日美战争即太平洋战争的'隐花'，这个胚芽就在中日全面战争四年的历史中被哺育了。"这正说明抗日战争本身也是日美开战的主要原因之一。

可是，在至此为止的讨论中，关于日美的开战，笔者认为正是驻美特使及驻美大使胡适在美国约五年间400次的演讲形成了美国对日开战世论的基础。对于实践主义者、方法论者的胡适来说，首先，其使美的目的是让美国参与太平洋战争。其次，作为问题点，是如何调动美国的社会舆论。并且，为了要达到这个目的，胡适想到最有效的方法就是演讲活动。当然，仅胡适的演讲是调动不了日美战争的，日美开战，是诸要素的综合。可是，就像赫尔国务卿在提出《赫尔笔记本》时所说的，美国有"不能对中国见死不救的舆论"一样，这并不是一句轻描淡写的话，而应作为重大的事实来看待。而这个"舆论"的基础，可以说是胡适的演讲活动打下的。同时，美国的政治要人罗斯福和赫尔也正是非常重视舆论之人物，所以可以说，胡适的演讲对美国的政策决定也有一定的影响。另外，从日本方面的杂志和报纸报道看，也可知胡适的演讲对日美开战产生了实际的效果。

总结来看，驻美特使及驻美大使胡适的演讲活动，乍一看，似乎看不出他的演讲活动究竟对抗日战争起到了多大作用，但实际的效果，正如余英时所说："他年复一年地四处演讲究竟发挥了多大的实际效果，这是无法精确估计的。"[1]同时，最近的研究，例如，陈永祥对胡适的外交成果作了一定程度的评价。其中，关于1940年6月赴美的宋子文，陈氏说："主要由于远东战局的发展和美日矛盾的激化等客观因素，促使美国援华政策日趋积极，对宋子文来美后争取美援变得越来越有利，于是，对美外交

〔1〕余英时：《重寻胡适历程——胡适生平与思想再认识》，广西师范大学出版社，2004年，第57页。

的功劳便记到了宋子文账上。"〔1〕如此,宋子文成了对美外交的功劳者。
的确,宋子文是政治家,关于他的政治手法是"善于走'上层路线',利用
'私人渠道'与上层人物交往、谈判"〔2〕,总之,宋子文擅长与上层要人交
往,对美国政府的政策决定者带去了某种程度的影响是事实。而从经济
效果上来看,"在不到两年的时间里,宋子文成功地从美国争取到了四笔
借款,不仅数额巨大,而且条件优惠"〔3〕。宋子文从美国借大金额的款
项确实是事实,可是,那都是美国的舆论已经成为援助中国之后的事了。
而形成支持中国舆论的基础的是胡适的外交活动,特别是他的演讲活动
的效果最大。正是胡适自 1937 年 9 月末开始作的约 400 次之多的对美
国国民等的演讲造就了这个支援中国的舆论基础。正因为有着这样踏踏
实实的努力,慢慢地在美国形成了支援中国的舆论,造就了约三年之后去
美的宋子文的对美外交的基础。关于借款之事,美国最初给中国借款的
时间是胡适最初就任驻美大使时的 1938 年,由他与陈光甫的努力而成。
所谓"万事开头难",最初的借款才是最重要的。而且当时美国的孤立主
义气氛高涨,能在这样困难的状况下成功获得美国的第一次借款,其意义
可以说是非常重大的。后来宋子文的借款能成功,也可以说是建立在陈
光甫和胡适有成功先例的基础上的。

　　在讨论美国对中支持和对中借款的时候,不可忘却是胡适的演讲活
动造就了这个基础。

　　由上,胡适在抗日战争时期对国际形势判断的敏锐性以及他为了实
现未来的国际形势(英、美在太平洋与日本开战)而进行的外交活动,特别
是其演讲活动的意义之大,我们可得以重新认识。

---

　　〔1〕〔2〕〔3〕　陈永祥:《胡适、宋子文与抗战时期美援外交》,《抗日战争研究》第 80
期,第 123 页。

参考文献

胡适著作

1.姜义华主编.胡适学术文集·中国哲学史(上、下).北京:中华书局,1991

2.胡适文集(1).北京:北京大学出版社,1998

3.曹伯言整理.胡适日记全编(6—7).合肥:安徽教育出版社,2001

4.胡适著,季羡林主编.胡适全集(第 22 卷、第 38 卷、第 44 卷).合肥:安徽教育出版社,2003

5.曹伯言整理.胡适日记全集(7—8).台北:联经出版事业股份有限公司,2004

其他著作

1.野村吉三郎.米国に使して 日米交渉の回顾.东京:岩波书店,1946

2.回想录 コーデル·ハル.东京:朝日新闻社,1949

3.渡边卓.古代中国思想の研究.东京:创文社,1973

4.渡边卓.全释汉文大系第十八卷 墨子(上).东京:集英社,1974

5.大田济.墨子.东京:讲谈社,1978

6.胡颂平编著.胡适之先生年谱长编初稿(第四册、第五册).台北:

联经出版事业股份有限公司,1984

　　7.黑羽清隆.太平洋战争の历史(上).东京:讲谈社,1985

　　8.[清]孙诒让.墨子闲诂.北京:中华书局,1986

　　9.胡适口述,唐德刚注译.胡适口述自传.合肥:安徽教育出版社,1999

　　10.吉永慎二郎.非攻とは何か——《墨子·非攻》三篇の论理と思想.大久保隆郎教授退官纪念论集 汉意とは何か.大久保隆郎教授退官纪念论集刊行会.东京:东方书店,2001

　　11.余英时.重寻胡适历程——胡适生平与思想再认识.桂林:广西师范大学出版社,2004

　　12.张忠栋.张忠栋文集 胡适五论.台北:稻乡出版社,2005

　　13.唐德刚.胡适杂忆.台北:远流出版事业股份有限公司,2005

　　14.莫高义.书生大使——胡适出使美国研究.广州:广东人民出版社,2006

　　15.李承律.郭店楚简儒教の研究—儒系三篇を中心にして—.东京:汲古书院,2007

　　16.加藤彻.汉文力.东京:中央公论新社,2007

　　17.加藤阳子.それでも、日本人は"战争"を选んだ.东京:朝日出版社,2010

　　论　文

　　1.日高清磨瑳.抗日支那の文化人は何をしているか.日本评论,1937年11月号.东京:日本评论社,1937年11月

　　2.支那抗战の意义と将来.文艺春秋,第16卷第1号.东京:文艺春秋社,1938年1月1日

　　3.日本と支那の西洋化.日本评论,第10号.东京:日本评论社,1938年10月

　　4.ブルノ·ラスカー.日本の对米宣传の效果.日本评论,1938年12

月号.东京:日本评论社,1938 年 12 月

　　5.支那の现情势.改造,1940 年第 3 号.东京:改造社,1940 年 3 月

　　6.战争は未だ续く.改造,1940 年第 4 号.东京:改造社,1940 年 4 月

　　7.诸君,1991 年 8 月号.东京:文艺春秋社,1991 年 8 月

　　8.绪形康.记忆は抵抗する―驻米大使、胡适の抗日战争―.现代中国研究,第 12 号.东京:中国现代史研究会,2003

　　9.佐藤一树.国民使节胡适の对米宣传活动に关する考察―1937 年～1938 年―.中国研究月报,2006 年 5 月号.东京:中国研究所,2006

　　10.《日记》から见た日中战争期における胡适の主张―主和から主战へ―.中国哲学,第 35 号.北海道:中国哲学会,2007

　　11.胡适の《墨子》非攻篇研究と战争观.中国哲学,第 38 号.北海道:北海道中国哲学会,2010

　　12.陈永祥.胡适、宋子文与抗战时期美援外交.抗日战争研究,第 80 期.北京:中国社会科学院近代史研究杂志社,2011

人名索引（按姓氏拼音排序）

后　记

　　本著是笔者自 2005 年北海道大学大学院硕士课程以来前后共七年时间的研究成果,是笔者至今为止关于胡适研究的部分总结,原文为日语。内容与章节没什么大的变动。原文章节如下:

　　第一章　《日记》から见た日中战争期における胡适の主张の变化—主和から主战へ—(《中国哲学》第 35 号,2007 年)

　　第二章　胡适の《墨子》非攻篇研究と战争观(《中国哲学》第 38 号,2010 年)

　　第三章　日中战争期における驻米大使胡适の讲演活动の研究(《研究论集》第 11 号,2011 年)

　　第四章　国民使节および驻米大使としての胡适の讲演活动の意义(《中国哲学》第 39 号,2011 年)

　　想当时,我出席北海道大学大学院文学研究科的入学考试说明会之际,中国文化论讲座的佐藤炼太郎教授进行了应试说明。当初我是准备主攻中国文学的,但自从接触了热情的佐藤教授以后,改变了初衷,决定专攻佐藤教授任教的中国哲学。考入大学院硕士课程以后,在学习会上佐藤教授为我选读了《胡适禅学案》。从此,我就与胡适结下了不解之缘,决定更深入地了解胡适之人之事。2004 年,台湾的联经出版事业股份有限公司出版了《胡适日记全集》,在导师的指导下,我决定以《胡适日记全集》为基础材料研究胡适。

又在当时,有幸拜读了余英时先生的《从〈日记〉看胡适的一生》(《重寻胡适历程——胡适生平与思想再认识》里的一部分)。当读到其中的《出使美国》一篇,我万分的惊愕。因为在我过去所受到的教育中,胡适是"卖国贼",我连他当过驻美大使都不知道。所以,我决心进一步研究作为驻美大使的胡适形象,进了大学院博士班。在博士班第一年,导师近藤浩之副教授在学习会上,为我选读了胡适的博士论文《中国哲学史大纲》,使我得以有机会研究胡适和《墨子》的关系。作为研究成果,在此次的博士论文里占据了一章。关于胡适在美国的演讲活动给美国社会舆论所带去的影响,对美日开战所起的作用以及对日本所产生的影响,我试图在吸收国内外先行研究成果的基础上,尽量多地利用在日本新发现的杂志和报纸等资料。但由于功力不足以及缺少集中学习和研究的时间,深感论文中存在着很多缺憾,尤其对新发现的第一手资料处理不够。本书错漏之处,祈盼方家指正。

在写博士论文时,除了佐藤教授和近藤准教授以外,也承蒙了北海道大学大学院文学研究科中国文化论研究室的伊东伦厚教授(已故)、弓巾和顺教授、水上雅晴助理教员(现为琉球大学准教授)的关照。特别在指导教员近藤准教授谨慎、认真、热情的指导下,终于完成了博士论文。我的博士论文由日文作成,在翻译为中文时,还必须感谢浙江工商大学的王宏理教授在百忙之中为我修改润色。王教授精益求精的学术风格,对我今后的研究很有启发。同时,还要感谢中国社会科学院近代史研究所的宋广波老师对我的指导和鼓励,给了我许多宝贵意见和建议。对此师恩,我永志不忘。

在完成博士论文的过程中,除了诸老师的指导外,还承蒙了中国文化论研究室的先辈、晚辈在学术方面所给予的关照。在翻译论文时,还感谢好友提出的见地和帮助,使我受益良多。在此对诸位表示衷心感谢。

本著绝不能以我一人之力完成,而是在众多师友的帮助下才得以完成的。这仅仅是本人的一个学术起点,今后,我还需更加努力做胡适研究。